퇴계의 길에서
길을 묻다

퇴계의 길에서 길을 묻다

2021년 3월 10일 1판 1쇄 발행
2021년 4월 9일 1판 2쇄 발행

기 획   도산서원 참공부모임
지은이   이광호, 이기봉, 권진호, 이한방, 정순우, 박경환, 김언종,
        이갑규, 안병걸, 권갑현, 강구율, 황상희, 이치억
펴낸이   박혜숙
편 집   강옥순
디자인   이보용
펴낸곳   도서출판 푸른역사
        우) 03044 서울시 종로구 자하문로8길 13
        전화: 02) 720-8921(편집부) 02)720-8920(영업부)
        팩스: 02) 720-9887
        전자우편: 2013history@naver.com
        등록: 1997년 2월 14일 제13-483호

ISBN   979-11-5612-190-9   03900

퇴계의 길에서 길을 묻다

이광호 외 지음

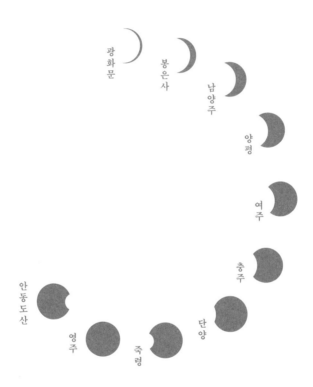

광화문 봉은사 남양주 양평 여주 충주 단양 죽령 영주 안동도산

푸른역사

물러남의 길,
퇴계의 발자취를 따라
—

이 책은 지금부터 452년 전인 1569년 봄날 퇴계 이황李滉(1501~1570)이 벼슬자리에서 물러나 고향인 안동 도산으로 내려가는 마지막 귀향길을 되살려 현대인들이 걸어갈 수 있도록 안내하는 답사기이다.

당시 69세의 노인 퇴계는 한양에서 충주까지는 배를 타고 남한강을 거슬러 올라갔고, 충주에서 안동 도산까지는 말을 타고 육로로 갔다. 오늘날 이와 똑같이 갈 수 없는 우리는 그 대신 남한강 강변길과 죽령 옛길 등 풍광이 빼어난 길을 걸어가게 된다. 우리가 걷는 구간은 퇴계가 14일에 걸쳐 이동한 270여 킬로미터 가운데 배를 타고 가야 하는 충주댐 수몰 구간 30여 킬로미터를 제외하면 240여 킬로미터이다. 퇴계의 일정에 맞추어 간다면 하루 평균 20킬로미터 정도를 걷는 것이다.

이렇게 여러 날 소요되는 퇴계 마지막 귀향길을 왜 책을 펴내면서까지 걸어 보기를 권장하는가?

먼저 이 길은 우리에게 점점 친숙하게 다가오고 있는 장거리 걷기 구간으로서 전혀 손색이 없다. 제주도 올레길, 지리산 둘레길 등 몇 백 킬로미터에 달하는 긴 구간을 이미 많은 애호가들이 즐겨 찾아다니고 있다. 자신의 체력에 맞추어 걸으면 남녀노소 누구든지 장거리 걷기 여행을 할 수 있다는 것이 증명되고 있다. 이렇게 볼 때 퇴계 귀향길을 이제야 소개하는 것이 늦지 않았나 하는 생각도 든다.

다음으로 이 길은 일반인이 편안하게 걸을 수 있을 만큼 좋은 길이다. 일부 구간을 제외하고는 대체로 강변과 산골을 지나는 길이라 평탄하고 안전한 편이다. 자연 경관이 아주 빼어나서 피로한 심신을 힐링하며 가볍게 걸을 수가 있다.

게다가 연도와 주변에는 옛 사람의 얼이 서려 있는 역사 유적지와 문화관광자원이 즐비하다. 정자와 관아 터, 서원과 사찰을 지나며 인문 역사를 공부하는 재미도 제법 쏠쏠하다.

무엇보다 이 길이 갖는 최고의 장점은 곳곳에 역사적 인물인 퇴계의 체취가 남아 있다는 사실이다. 길이 평탄하고 주변 경관이 좋고 문화유적을 볼 수 있는 길은 얼마든지 있다. 그런데 이 길 위에는 퇴계의 정신 유산이 여기저기 산재해 있다. 그토록 임금이 만류했건만 물러나 고향에서 추구하려던 가치는 무엇인가. 그 소망은 어떻게 이루어졌는가. 지금 우리는 그가 남긴 가르침을 어떻게 배워 실천할 것인가. 저절로 퇴계를 떠올리게 하는 이 길은 혼자 깊이 사색하며 걸어도 좋고, 동반자와 담소하며 걸어도 좋다. 진정 이 시대 우리에게 딱 좋은 성찰과 구도의 길이다.

이 책은 어느 한 개인의 저술이 아니라 도산서원 참공부모임 회원들이 이 길을 직접 걸으며 경험한 내용을 집단지성의 힘으로 엮은 퇴계정신 입문 답사기다. 참공부모임은 2015년 11월 퇴계학을 연구하는 학자들이 중심이 되어 퇴계의 정신을 참답게 공부하고 세상에 널리 알리자는 취지에서 조직되었다. 이 모임은 도산서원에서 주기적으로 모여 퇴계 관련 저술을 공부하며 강연회, 책자 발간 등을 꾸준히 이어 나가고 있다.

2019년 봄, 퇴계의 마지막 귀향 450주년을 맞이하여 지금이야말로 선생의 진면목을 세상에 알릴 수 있는 절호의 기회라는 데 참공부모임 회원 모두가 인식을 같이하여 걷기 재현 행사를 적극 추진하게 되었다.

이 재현 행사는 그간의 어떤 활동보다도 퇴계의 참모습인 '물러남退'을 알릴 수 있어 그 의미가 자못 크다 할 수 있다. 퇴계는 물러남을 잘 선택하여 역사상 길이 남는 큰 자취를 남겼고, 지금까지 변함없는 존경을 받고 있다.

현대인은 어떤가? 물러나기보다는 어떻게든 나아가려고進 한다. 그리고 남보다 자신을 드러내려 한다. 그러다가 끝내 좌절하고 허탈해하거나 뒤늦게 후회한다. 이러한 삶은 개인을 위해서나 가정과 사회를 위해서나 결코 바람직하지 못하다.

바람직한 삶에 대해 말(강연)이나 글(칼럼, 저술)로 가르치고 알려주는 것보다는 몸(걷기)으로 따라하며 익히게 하는 것이 훨씬 효과가 있다. 그것도 열흘 이상 여러 지역을 거쳐 걷다 보면 본인도 자연스럽게 체득하는 바가 생기고, 지켜보는 타인도 여러 날에 걸쳐 고행苦行하는 장면을 공유하며 깊이 되새기게 된다. 그 효과가 무엇보다 깊고 넓다. 실제 걷기 행사에 많은 분들이 참여하여 폭넓은 경험을 공유하였고, 언론에서도 '한국의 산티아고 순례길' 등으로 소개하며 깊은 관심을 보여 주었다.

처음 발의한 시점부터 오랜 기간 정성들여 축적한 노하우가 담긴 이 의미 있는 행사를 450주년 일회성 행사로 끝내는 것은 매우 아까운 일이다. 그런데다 행사에 참여했던 사람들이 이구동성으로 앞으로도 계속 참석하겠다는 의사를 밝히고, 일반인들도 폭발적인 관심을 보이며 매년 개최해 달라는 요청을 하였다. 그래서 도와주는 기관들과 협의하였더니 흔쾌히 동의하였으며, 해당 지역에서도 더욱 적극적인 참여를 약속하였다.

2019년에 이어 2020년 봄에 지난 행사를 보완하여 더 의미 있는 걷기 행사를 추진하려 했으나 뜻밖에 닥친 코로나19 때문에 할 수 없이 제2회 재현 행사를 연기하게 되었다. 머지않아 이 어려운 사태가 종식되리라 확신하며 해마다 이 행사를 퇴계의 귀향길 일정에 맞추어 추진해 나갈 예정이다.

들어가는 글

이 세상에 어떤 길도 생각나 가 보고 싶을 때는 누구든지 언제든지 갈 수 있다. 그것이 길이다. 먼 나라의 장거리 길도 코로나 확산 이전까지는 원하면 언제든지 갈 수 있었고, 앞으로도 머지않아 갈 수 있다는 희망을 가지고 있다. 국내의 장거리 코스 걷기는 마음만 먹으면 지금 당장 실행이 가능하다. 그런데 이 의미 있고 걷기 좋은 퇴계의 마지막 귀향길을 매년 한 차례 걷기 재현 행사 때를 기다렸다 걸어야 하나? 이 길도 응당 언제든지 찾아갈 수 있도록 해야 하지 않을까? 그러면 어떻게 해야 하나?

제주 올레길로 촉발된 걷기 여행길이 전국에서 생겨나고 있다. 해당 지방자치단체에서는 관광 명소로 널리 알리기 위한 정책을 세워 꾸준한 관심을 기울이고 있다. 그런데 퇴계 귀향길은 5개 광역시와 도, 열 곳이 훨씬 넘는 기초 지방자치단체에 걸쳐 있다. 통일된 표지판을 갖추는 것만도 상당한 시일이 소요될지 모른다.

그래서 먼저 참공부모임 연구자들이 현 시점에서 파악한 관련 정보를 소상하게 밝혀 원하는 사람은 언제든지 큰 어려움 없이 찾아갈 수 있도록 안내 책자를 만들게 되었다. 이 책을 통해 이 길을 이용하는 사람이 늘어나고, 그들의 산 경험이 보태져 점점 더 좋은 길이 되어 가기를 바란다.

2021년 봄을 기다리며
김병일·도산서원 원장, 선비문화수련원 이사장

퇴계 귀향길 700리

광화문에서 도산서원까지

양주
의정부
양주시
의정부시
서울-양양고속국도
홍천
비발디파크
서울특별시
남양주시
구리
남양주시
하남
남양
주시
서울
광나루
미음나루
한여울
(국수역)
양평군
경복궁
광화문
봉은사
광주시
이포나루
(배개나루)
경기도청
수원
여주시
강천섬
(혼바위나루)
경기
이천
가흥초등학교
(가흥창)
충주시

서울 광화문	15km	봉은사	19km	미음나루
미음나루	29km	한여울	23km	이포나루
이포나루	31km	강천섬	29km	가흥 초등학교

가흥
초등학교 ——20km—— 관아공원 ——5km——
청풍
문화재단지

5km
+
선편 20km

청풍
문화재단지 ——선편 13km—— 단양향교 ——22km——
풍기
초등학교

선편 13km
+
9km

풍기
초등학교 ——20km—— 영주
두월1교차로 ——20km—— 삽골재

1km

안동
도산서원

청풍문화재단지
(청풍관아)

관아공원
(충청감영)

단양군

장회나루

단양향교

죽령옛길

풍기초등학교
(풍기관아)

소수서원

봉화

두월1교차로

영주시

삽골재

안동
도산서원

퇴계를
배우는
길

즐거운 마을 도산으로 돌아가다

퇴계의 귀향길은 자신이 하고자 한 일을 평생에 걸쳐 노력하여 완성한 사람의
편안한 길이었다. 이 길이 퇴계에게는 마지막 길이었지만 그의 삶과 학문을 배
우고자 하는 사람에게는 배움을 시작하는 길이 될 것이다. 많은 사람들이 이 귀
향길을 걸으며 퇴계의 선한 삶을 배워 우리 사회에 선한 사람이 넘치게 되기를
소망한다.

┌매화야 너를 두고 가는구나

1569년 음력 3월 3일, 선조 임금이 고향으로 놀아가는 것을 허락했다는 소식을 들은 퇴계 이황은 한양 건천동(마른냇골, 현재 인현동 1가) 집에서 기르던 매화와 가장 먼저 이별의 시를 주고받았다. 그 매화는 지난 해 제자인 잠재潛齋 김취려金就礪(1525~1594)가 선물로 보낸 것이다. 임금의 마음이 바뀌기 전에 급하게 떠나야 하는 길이라 매화 화분을 가져가기는 쉽지 않았다. 퇴계는 미안한 마음을 시에 담았다.

> 매선梅仙이 쓸쓸한 나의 짝이 되어
> 객창 깨끗하고 꿈길도 향기로웠네.
> 동쪽으로 돌아가며 데리고 가지 못해 서운하니
> 서울 티끌 속에서도 예쁜 모습 잘 간직하게나.

매화는 이렇게 답하였다.

도산의 내 벗들이 쓸쓸하게 지낸다고 들었는데
공이 돌아가면 가장 멋진 향기 피우리라.
마주하는 곳에서나 그리워하는 곳에서나
옥설 같은 맑고 참됨 고이 간직하였으면.

주인이 두고 가는 매화에게 미안해하며 서울 티끌 속에서도 예
쁜 모습 잘 간직하라고 부탁하자, 매화는 도산에서 쓸쓸하게 기다
리던 내 벗이 그대가 가면 멋진 향기를 피울 것이며, 이곳에서나

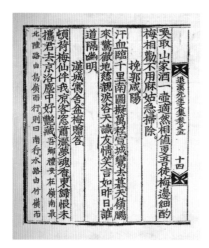

퇴계의 《매화시첩》
퇴계는 꽃나무 가운데서도 특히 매화의 그윽한 향기를 사랑하여
100여 편이 넘는 매화시를 지었다.
ⓒ한국국학진흥원

그곳에서나 매화의 꿈은 '옥설 같은 맑고 참됨'을 고이 간직하는 것이라고 답한다.

퇴계는 자신을 '천석고황泉石膏肓', 즉 자연을 사랑하는 고질병에 걸린 사람이라고 하며 도산의 산수와 자연에 대하여 수많은 시를 지었다. 특히 매화에 대한 사랑은 차고도 넘친다. 100여 편이 넘는 매화시를 지어《매화시첩》을 엮었는데, 그 가운데는 매화와 속마음을 주고받는 문답 시가 여러 편 포함되어 있다.

퇴계가 도산으로 낙향한 이듬해에 김취려는 퇴계의 손자 이안도李安道에게 부탁하여 이 매화분을 도산으로 돌려보냈다.

매화
평생 매화를 사랑한 퇴계는 세상을 떠나는 날 매화에게
물을 주라는 말을 남기고 눈을 감았다.
ⓒ도산서원선비문화수련원

일만 겹의 붉은 먼지에서 벗어나

속세 밖으로 와서 늙은 나와 벗이 되었네.

일을 좋아하는 그대가 나를 생각하지 않았다면

어찌 해마다 빙설 같은 얼굴을 볼 수 있겠는가.

이 시는 퇴계가 지은 마지막 매화시로, 《매화시첩》의 끝을 장식하고 있다. 빙설 같은 얼굴을 해마다 보기를 희망하였지만 퇴계는 그해를 넘기지 못하였다. 운명하는 날 아침 퇴계는 "매화에게 물을 주어라"라는 말을 남기고 눈을 감았다.

선조의 간곡한 부름에 응하다

명종明宗(1534~1567, 재위 1545~1567)이 세자를 책봉하지 못한 채 34세의 나이로 갑작스러운 죽음을 맞이하자 중종의 손자이자 덕흥군德興君의 셋째 아들인 하성군河城君 이균李鈞(1552~1608, 재위 1567~1608)이 조선조 제14대 왕이 되었다. 궁궐 밖에 살아서 왕의 법도를 익힌 경험이 없을 뿐 아니라 믿고 의지할 만한 사람도 없는 16세의 어린 왕은 얼마나 막막했을까?

선조가 등극하기 몇 해 전부터 명종과 뜻있는 조정 신하들을 중심으로 억울하게 죽은 사람을 복직시키고, 유배된 사람들을 다시 관리로 등용하여 나라의 기강을 살리려는 기운이 일어나고 있었다. 반세기가 넘도록 이어지며 무고한 선비들에게 죄를 씌워 죽이고 형벌을 가하고 유배 보내던 사화史禍의 시대를 종식시켜야 한다는 시대적 요구가 수면으로 떠오른 것이다.

이러한 흐름은 명종이 열두 살에 왕이 된 이후 20년 동안 수렴청정을 하던 어머니 문정왕후가 죽고, 왕후의 권력을 업고 정권을 농단하던 친정동생 윤원형이 관직을 삭탈당하고 쫓겨나 죽으면서 급물살을 타기 시작했다. 명종 재위 기간에 일어난 을사년 역모사건(1545), 양재역 벽서사건(1547), 이홍남 무고사건(1549) 등은 모두 윤원형이 중심이 되어 조작한 사건으로, 수많은 선비들과 주변 사람들을 구렁텅이에 빠트렸다.

사화의 시대를 산 퇴계 역시 고난이 잇따랐다. 34세(중종 29)에 급제하여 예문관 검열에 임명되었으나 당시의 권력자인 김안로金安老의 미움을 받아 부임하지 못했다. 명종 즉위년 을사사화 때는 홍문관 전한으로 있다가 좌의정 이기李芑의 모함으로 자리에서 물러났다가 복직되기도 했다. 명종은 늘 퇴계를 가까이 두고 싶어 했지만 섭정을 하는 문정왕후와 윤원형은 퇴계를 좋아하지 않았다. 명종이 불러들이면 할 수 없이 상경했다가 물러나기를 반복했다.

67세 때인 1567년(명종 22), 중국 사신을 접대하라는 명을 받고 퇴계는 6월 25일 도성에 도착했다. 그러나 6월 28일 명종이 승하하는 바람에 사은숙배도 하지 못하였다. 7월에 선조의 명으로 명종의 행장 수찬청의 책임자가 되어 행장을 지었다. 명나라 사신이 떠난 후 선조는 퇴계를 예조 판서에 임명하였다. 퇴계는 8월에 병을 이유로 여러 차례 사면을 청하여 허락을 받자 즉시 도성을 떠났다. 명종의 장례를 치르기도 전에 떠난 퇴계의 귀향을 두고 조정 안팎에서 온갖 비판이 일어났다. 심지어 산새와 같다는 평마저 있었다. 퇴계를 존경하는 율곡과 고봉 등 제자들마저도 비판을 했다.

이제 국가의 안위와 종묘사직의 존망에 대한 모든 책임은 선조에게 달려 있었다. 명종의 비 인순왕후는 시어머니 문정왕후의 전철을 밟지 않으려는 듯 전혀 섭정에 뜻을 두지 않았다. 선조는 현인들이 정치에 참여하기를 촉구하는 교지를 전국에 내렸다.

> 보잘것없는 내가 큰 운명과 사업을 계승하였으나 이 중임을 감당할 수 있을까 매우 두렵다. 마치 큰물을 건너는데 나루터가 없는 듯하여 이른 아침부터 밤늦게까지 전전긍긍하지만 어떻게 해야 할지 모르겠다. 군자들은 대궐에 나와 좋은 말과 곧은 논의로 허물과 잘못을 바로잡고, 드높은 풍모로 세속의 모범이 됨으로써 나의 부족한 덕으로 하여금 실패를 면하게 하라. 이는 나의 지극한 뜻이니 현인들은 유념하라.

선조의 뜻에 따라 윤원형과 이기에게 모함을 당하여 지위와 재산을 빼앗긴 이들이 속속 복귀하였다. 을사년에 유배된 노수신, 유희춘, 김난상 등이 풀려나 직첩을 받았다. 이미 세상을 떠난 권벌과 이언적 등은 누명을 벗었으며, 송인수와 임형수도 벼슬을 되찾고 몰수당했던 재산을 돌려받았다. 기묘사화의 주역인 조광조도 신원되었다.

남명 조식은 왕의 부름을 받았으나 서울로 올라갈 수 없다고 벼슬을 사양하며 산청에서 성학聖學에 대한 상소문을 올렸다. 고향

에 내려가 있던 퇴계 역시 스승으로 모시겠다는 왕의 부름을 사양
했다. 퇴계는 지난해에 명종의 장례가 끝나기도 전에 귀향하여 여
론의 뭇매를 받았던 행적도 문제가 되는 데다 병이 도져서 시대의
쓰임이 되기에 부족하다는 상소를 올렸다.

선조는 물러서지 않았다.

　나는 어릴 때부터 엄한 스승의 가르침도 받지 못하고 갑자기 큰 왕
업을 이어 받았다. 자전慈殿(명종 비)의 전교도 '나는 지식이 없고 의
지할 데 없는 몸이니 어찌 왕을 가르쳐 인도하겠는가. 반드시 이황
같은 사람이면 될 것이다' 하시고, 항상 경이 올라오기를 바라신다.
자전의 뜻이 이같이 정성스러운데도 선뜻 오지 않으니, 경이 미처
생각을 못하는 것이 아닌가. 지금 조정에 덕망 있는 사람이 많기는
하나 내가 경을 바람은 북두성과 같으니, 부디 얼른 올라와 조정에
머물면서 나의 어리석은 재질을 도우라.

퇴계는 자전의 의견도 같다며 거듭 부탁하는 왕의 요청을 더
이상 거절할 수 없었다. 1568년(선조 1) 7월 24일, 판중추부사 이황
은 드디어 궁궐에 들어와 사은숙배하였다.

퇴계는 서울에 몇 달 머무는 동안 먼저 〈무진육조소〉를 올려 왕
이 당장 힘써야 할 일들을 밝혔다. 그리고 조강과 주강, 석강으로
이어지는 경연經筵에 참여하여 왕이 갖추어야 하는 법도와 학문을
지도하였다. 병이 나서 경연에 참석하지 못하는 시기에는 성인이
되는 학문의 핵심을 정리한 《성학십도》를 지었다. 왕은 퇴계가 올

린 《성학십도》를 받자마자 승정원에 내려 병풍으로 만들고, 작은 첩帖으로도 만들어 거처하는 곳에 두었다.

퇴계는 몇 달 동안 왕을 위하여 자신이 할 수 있는 말은 다 하였다. 《성학십도》 가운데는 자신이 못한 말도 모두 담겨 있으므로 이제는 물러나서 자신의 삶과 제자들을 돌보는 일만 남았다고 생각하였다. 퇴계는 여러 번 사직을 청하는 상소문을 올렸으나 선조는 허락하지 않고, 도리어 더 높은 벼슬을 주며 붙잡았다. 이미 관직에서 마음이 떠난 퇴계는 자신의 생각을 굽히지 않았다.

퇴계의 나이 69세이다. 이제 자신의 남은 생이 그리 많지 않음을 예감했을까, 좋은 사람이 많은 세상을 염원하며 제자를 기르고 싶다는 열망이 그만큼 컸던 것일까. 왕은 좀처럼 고집을 꺾지 않았으나 승정원에서까지 퇴계를 고향으로 보낼 것을 요청하자 마지못해 받아들였다.

「《성학십도》를 바치고 임금을 하직하다

1569년 음력 3월 4일, 퇴계는 야대청(경복궁 사정전)에서 선조 앞에 엎드렸다.

"신에게 물러남을 허락하시니 실로 망극하옵니다."

왕위에 오른 지 두 해도 지나지 않아 아직은 자리가 설기만 한 열여덟 살의 소년 왕은 표정 가득 아쉬움을 드러내며 물었다.

"경은 아직 일흔도 안 됐으니 물러날 때도 아니고, 서울에 온

지도 얼마 되지 않았는데 왜 갑자기 돌아가려고 하는가?"

"제게 물러나야 하는 이유는 많습니다. 나이가 이미 예순아홉이며, 어려서부터 병이 많아 제 구실하기가 어려웠습니다. 고위직에 대한 경력이 없으며, 허명으로 세상을 속이고 있으며, 재주와 덕이 모자라 중요한 일을 감당할 수 없으니 자칫 잘못하면 임금님께 씻을 수 없는 죄를 짓게 됩니다."

"그렇게 만류해도 굳이 돌아가고자 하니 어쩔 수가 없구나. 하고 싶은 말이 있으면 모두 하라."

"옛사람이 말하기를 '태평한 세상을 걱정하고 명철한 임금을 위태롭게 생각한다' 라고 하였습니다. 대개 명철한 임금은 보통 사람보다 뛰어난 자질이 있고, 태평한 세상에는 우려할 만한 일에 대한 염려가 없습니다. 보통 사람보다 뛰어난 자질이 있으면, 혼자만

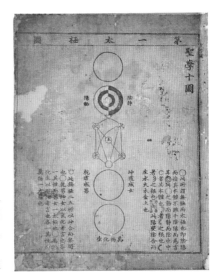

성학십도
퇴계가 선조 임금을 위해
엮은 《성학십도》. 선현들이 밝힌
학문의 요체를 집약했다.
ⓒ한국국학진흥원

의 지혜로 세상을 이끌어 가면서 아랫사람들을 가볍게 보고 소홀히 여기는 마음을 갖게 됩니다. 또한 우려할 만한 일에 대한 염려가 없으면, 교만하고 사치한 마음이 생겨나게 마련입니다."

왕이 가장 경계해야 하는 것은 자신이 신하들보다 똑똑하다는 오만과 구중궁궐에서 태평성대라고 착각하여 안일에 빠지는 것이다. 퇴계는 선조에게 오만과 안일을 일차적으로 경계하며 이를 막을 수 있는 방법은 학문이며 《성학십도》야말로 선현들이 밝힌 학문의 요체를 집약한 책이라고 설명했다.

"성현의 천 마디 만 마디 말은 마음을 보존하는 방법이니, 역시 요점을 아는 것이 중요합니다. 신이 지난번 올린 《성학십도》는 신의 사견으로 만든 것이 아니라 모두 선현들이 만든 것으로, 그 사이에 신이 단지 한두 가지 그림을 보충한 것뿐입니다."

"알았다. 다시 더 할 말은 없는가?"

"우리 선대 임금들께서 두터운 은택을 끼쳐 그 공덕이 우뚝합니다. 다만 사림의 화가 조선조 중엽에 일어났는데, 연산군 때의 무오사화와 갑자사화는 말할 필요도 없고, 중종 때는 기묘사화로 현인과 군자들이 모두 큰 죄를 입었습니다. 이로부터 정正과 사邪가 뒤섞여 간사한 사람들이 득세하여 사사로운 원한을 갚으면서 사림의 화가 연달아 일어났으니, 예로부터 그 화가 이보다 더한 때는 없었습니다.

명종이 아직 나이 어리실 때 권력을 쥔 간신들이 득세하여 한 사람이 패하면 또 한 사람이 나와서 서로 이어 권력을 멋대로 휘두르니, 사림의 화는 말로 차마 할 수 없을 정도였습니다. 신이 이미 지나간 일을 말씀드리는 것은 이것을 장래의 큰 경계로 삼고자 하려는 것입니다. 임금의 몸은 하나인데 일의 결과가 두 사람이 한 것처럼 달라지는 것은 처음에는 군자와 합하다가 끝내는 소인과 합하기 때문입니다."

퇴계는 연산군 이래로 거듭된 말로 표현할 수 없는 사림의 화를 종식시키는 것이 이 시대의 가장 큰 과제라고 하며 그 원인은 임금이 군자를 버리고 소인과 합하기 때문이라고 경계하였다.

"그대가 아뢴 말을 마땅히 경계로 삼겠노라."

임금이 또 물었다.

"조정의 신하들 중 천거할 만한 사람은 없는가?"

경복궁 사정전
1569년 음력 3월 4일 퇴계는 경복궁 사정전에서
선조 임금에게 하직인사를 했다.
ⓒ도산서원선비문화수련원

"지금 대신의 지위에 있는 사람들은 모두 청렴하고 신중하며, 육조의 판서도 간사한 사람이 없습니다. 수상 이준경李浚慶(1499~1572)은 위태롭고 불안한 때에 목소리나 얼굴빛을 바꾸지 않으면서 나라를 태산처럼 편안한 곳에 올려놓았으니, 참으로 들보와 주춧돌 같은 신하입니다. 의지하고 중히 여길 사람으로 이보다 나은 사람이 없습니다."

"학문이 깊은 사람을 들라면 누구를 꼽겠는가?"

"말씀드리기 어려운 문제입니다만 기대승奇大升(1527~1572) 같은 사람은 글을 많이 보고, 이학理學에도 조예가 깊어 통달한 선비입니다. 다만 자신을 수렴하는 공부는 좀 부족합니다."

퇴계는 명종이 후계자를 정하지 않고 죽었지만 선조를 맞이하여 튼튼한 왕의 지위를 확립한 재상 이준경의 공을 높게 평가하였다. 그리고 선조가 즉위한 이후 사헌부 집의, 성균관 대사성, 승정원 승지 등의 직책을 맡아 경연 자리에서 역대 왕실의 잘잘못과 선조가 해야 할 당무를 진언한 학자 기대승의 공을 인정한 것이다.

퇴계가 알현을 마치고 물러가자, 선조는 호랑이 가죽 요 한 벌과 후추 2말을 하사하였다. 그리고 쌀과 콩을 내리는 한편, 가는 곳마다 말과 뱃사공을 주어서 돌아가는 길을 보호하라고 지시하였다.

퇴계가 하는 말은 모든 것이 사람됨의 학문과 연결된다. 퇴계는 인간은 하늘의 명을 받고 태어나 하늘의 명을 실천할 소명이 있다고 생각하였다. 그의 학문과 삶은 천명을 확인하고 실천하는 자기 완성의 학문爲己之學, 곧 성인됨의 학문인 성학과 유학이다. "바라는 것은 선한 사람이 많아지는 것이다"라고 하며 퇴계가 그토록 원한 선한 사람이란 바로 천명을 알고 실천하는 인간이다.

퇴계는 선조를 만난 뒤 바로 〈무진육조소〉를 지어 올렸다. 퇴계는 〈무진육조소〉에서 성학을 강조하고, 경연에서도 성학을 강조했으며, 마지막에는 《성학십도》로 성학을 완성하여 바쳤다.

"내가 나라의 은혜를 갚는 길은 이것뿐이다."

이 말은 퇴계의 진심이 실린 말이다.

우리도 그 길을 따라

퇴계는 1569년 3월 4일 정오에 경복궁에서 임금께 하직인사를 올린 뒤 건천동 집으로 돌아와 잠시 쉰 다음 오후 네 시경 길을 나섰다. 첫날 동호 근처에 있는 판서 임당林塘 정유길鄭惟吉(1515~1588)의 몽뢰정夢賚亭에서 하루 자고, 다음날 배를 타고 봉은사로 향하였다.

퇴계는 칠십 평생을 살며 한양과 안동 사이를 열아홉 차례 왕복했다. 34세에 대과大科를 치르기까지 오르내린 것이 일곱 차례이며, 벼슬에 나아가 오간 것이 열두 차례이다. 그 가운데 두 번만 문경새재를 통하여 올라와 용인을 거쳐 한양으로 들어오는 길을 경유했고, 그 나머지는 모두 마지막 귀향길과 같은 한양, 양평, 여주, 충주, 단양을 거쳐 죽령을 넘고 영주를 지나 도산에 이르는 길로 다녔다.

이 길은 역사적인 인물을 기리는 순례길의 좋은 사례로 발전할 가능성이 높다. 사시사철 갖가지 꽃들이 아름다움을 뽐내는 남한 강길, 충주호를 거쳐 단양팔경을 지나 죽령 옛길로 넘어가 낙동강으로 흘러드는 물길을 끼고 시골길을 따라가며 도산에 이르는 이 길은 명승지와 역사 유적지가 이어지는 큰 장점을 지니고 있다.

사실 퇴계라는 호를 들으면 물러나기만 좋아하는 소극적인 사람으로 생각하기 쉽다. 그러나 퇴계는 엄청난 에너지를 가진 사람이었다. 퇴계는 진리를 온전하게 알고 실천하지 않으면 그만두지 않는다는 각오가 투철했다. 벼슬을 내릴 때마다 올린 사직상소문은 남아 있는 것만 해도 70여 통이다. 학문에 대한 열정은 식을 줄을 몰라, 대기만성의 학자답게 50세가 넘어서야 제자들을 가르치

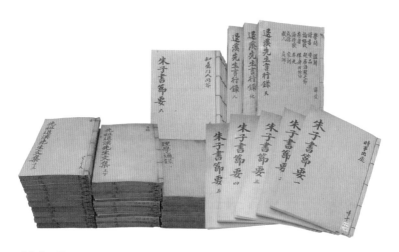

《퇴계문집》, 《퇴계언행록》, 《주자서절요》
퇴계는 50세가 넘어서야 제자들을 가르치고 저술을 시작했지만
만년에 성취한 결과물은 풍성하다.
©한국국학진흥원

퇴계를 배우는 길

고 저술을 시작했지만 만년에 성취한 결과물은 어떤 학자보다도 풍성하고 성대하다. 《심경후론》, 《역학계몽전의》, 《성학십도》, 《주자서절요》, 《자성록》, 《송계명원이학통록》 등의 저서 외에 《정본퇴계전서》에 실린 2,236수의 시와 당대의 유림을 망라하는 200여 제자·지인들과 주고받은 3,119통의 편지에는 그의 학문과 사상은 물론 조선조 유학이 완성되어 가는 과정에 참여한 수많은 학자들의 복잡하고 다양한 사상과 내용이 풍성하게 온축되어 있다.

퇴계의 마지막 귀향길은 자신이 하고자 한 일을 평생에 걸쳐 노력하여 완성한 사람의 편안한 길이었다. 이 길이 퇴계에게는 마지막 길이었지만 그의 삶과 학문을 배우고자 하는 사람에게는 배움을 시작하는 길이 될 것이다. 퇴계는 학문과 삶을 통하여 선한 삶의 길을 보여 주었다. 앞으로 많은 사람들이 이 귀향길을 걸으며 퇴계의 선한 삶을 배워 우리 사회에 선한 사람이 넘치게 되기를 소망한다.

❖ 이광호

참 좋은 사람을
따라 걷다

광화문에서 동호 몽뢰정을 거쳐 봉은사까지

뛰면서 보는 풍경은 스쳐 지나가는 풍경이다. 자전거를 타거나 자동차를 운전
하며 보는 풍경은 휙 돌아서는 풍경이다. 걸으며 보는 풍경은 서서히 다가와서
멈추는, 그래서 마음으로 감상할 수 있는 그런 풍경이다. 풍경뿐이 아니다. 꽃과
나비와 벌과 새와 풀과 나무도 정겹게 반갑게 다가온다.

참 좋은 사람 퇴계

퇴계를 생각하면 깊고 넓은 학문의 세계보다 너그럽고 따뜻한 인품이 먼저 떠올라 가슴이 먹먹해진다. 퇴계 이황은 저 멀리 있어 우러러보게 하기보다는 가까이 다가와 손을 잡아 주는 친절한 스승, 삶의 길은 이렇게 걸어야 한다고 온 생애를 통해 본을 보여 준 참스승이다.

퇴계가 70세 때 손자 이안도에게 보낸 편지를 보자.

들으니 해산한 지 서너 달 된 여종 학덕이 상경할 준비를 하고 있다고 하는구나. 어찌 이럴 수가 있겠느냐. 어린애를 두고 어미가 올라가면 이 아이는 죽고 만다. 내 자식 키우기 위하여 어찌 남의 자식을 죽인단 말인가. 있을 수 없는 일이다. 서울에도 젖먹이 종이 있지 않겠느냐. 구해서 젖을 먹이거라. 대여섯 달만 지나면 두 아이를 다 잘 키울 수 있다. 팔구월쯤 올라가면 우리가 미음을 먹이며 이 아이를 충분히 키울 수 있을 게다. 그때까지 기다리거라. 기어코 올려 보내라고 한다면 아기를 데리고 올라가게 하마. 절대 지금 아기를 떼어 놓고는 가지 못하게 할 것이다. 어진 사람이 차마 할 수 없는 일이 아니냐. 사정이 딱하지만 너희들이 잘 요량해서 처리하기 바란다.

옛날에 노비는 어떤 존재인가. 생물학적으로는 사람이지만 사회적으로는 사고파는 집안의 재산이다. 양반의 아이와 노비의 아이, 도저히 동등하게 여길 수 없는 존재다. 게다가 양반의 아이가 자신의 혈육이라면 더 할 말이 없다. 그런데 퇴계는 증손자를 키우기 위하여 노비인 학덕의 아이를 죽일 수 없다고 말한다. 인간 존중이 몸과 마음에 깊이 배어 있지 않으면 자연스럽게 나올 수 없는 말이다.

참 좋은 사람이다. 이런 좋은 사람이 예순아홉 살 노년에 마지막으로 간 귀향길을 따라서 걸어가 본다는 것, 그의 학문을 알든 모르든 의미가 있지 않겠는가.

▌ 벼슬을 내려놓고 도산을 향해 떠나다

450년 전인 1569년 음력 3월 4일, 길 떠나는 퇴계에게 선조는 마지막으로 해 줄 말이 있느냐고 물었다. 퇴계는 태평한 세상일수록 교만하고 사치한 마음이 생기지 않도록 더욱 걱정하며 미래를 준비하고, 자신의 능력이 밝고 뛰어나다 생각될수록 독단을 피하고, 일을 처리할 때 신하들과 의논하는 것을 처음부터 끝까지 잘 유지하면 좋은 임금이 될 것이라고 부탁하였다. 국가 최고의 리더인 임금이 아니라 평범한 개인에게 적용하면 잘나갈 때 잘난 척하지 말고 다른 사람에게 더 겸손하며 다른 사람을 더 배려하는 마음으로 살아가라는 의미이다.

열여덟 살의 어린 왕을 두고 돌아서는 노성한 신하의 발걸음이 어찌 가볍기만 했으랴. 그러나 도산서당에 앉아 책을 읽는 젊은 제자들의 모습이 눈앞에 어른거려 마음은 벌써 그곳을 향하고 있다. 봄볕이 제법 따가운 정오 무렵 퇴계는 경복궁의 광화문을 나섰다.

마른내로
퇴계의 서울 집이 있었던 마른냇골(건천동)의 현재 모습이다.
경복궁을 나온 퇴계는 집에 들러 잠시 쉬었다가 행장을 챙겨 길을 나섰다.
ⓒ도산서원선비문화수련원

도성 안에서 배를 탈 수 있는 가장 가까운 한강의 나루는 동남쪽의 두뭇개豆毛浦이다. 서울의 한강 가 나루 중에서는 작은 편에 속하지만 배를 타고 한강을 오르내리는 사람은 모두 두뭇개에서 내리고 탔다. 임금의 명으로 나라에서 제공한 배를 타기 위해 퇴계 또한 두뭇개로 향했다. 두뭇개로 가려면 서울 성곽 동남쪽의 남소문인 광희문光熙門으로 나가야 한다.

광화문에서 남쪽으로 쭉 뻗은 세종대로는 조선시대에는 육조거리라는 이름으로 세종대로 사거리까지만 있었다. 그 남쪽의 시청—숭례문으로 연결된 구간은 일제강점기 때 새로 뚫은 길이다. 그러니까 퇴계 일행이 간 길을 따르려면 세종대로 사거리에서 동쪽으로 꺾어 종로로 들어서고 종각까지 갔다가 다시 남쪽의 남대문로로 가는 길로 가야 한다.

당시 퇴계의 서울 집은 명보사거리 동쪽 마른냇골乾川洞에 있었다. 경복궁을 나온 퇴계는 집에 들러 잠시 쉬었다가 오후 네 시경 행장을 챙겨 다시 말을 타고 출발하였다. 마른냇골은 비가 오지 않을 때는 바닥의 물이 늘 말라 있는 하천 옆에 있어 붙은 마을의 이름이었다. 지금 마른냇골을 동서로 가로지르는 도로에 '마른내로'란 우리말 이름이 붙어 있는데, 퇴계 일행은 이 길을 따라 광희문에 이르렀을 것이다.

종각에서 남대문로를 타고 내려오다 롯데프라자 맞은편에서 명동길로 들어선다. 촌스럽단 소리를 늘 달고 사는 나에게 오랫동안 패션의 일번지로 군림했던 명동길은 언제나 신기하고 구경할 것이 많은 길이다. 요즘은 외국인 관광객으로 가득하고, 길거리 음식이 풍년이다. 그렇게 한눈팔며 걷는 그 길의 끝에 1987년 민주화의 성지 명동성당이 있다. 6·29선언의 강렬한 인상으로 남아 있는 1987년, 풋풋한 대학교 2학년생으로서 처음 보았던 명동성당의 엄숙한 모습이 지금도 기억에 또렷하다.

명동성당을 지나 사거리를 건너면 거기부터 마른내로고, 그 길을 따라 걷다가 명보사거리를 지나면 옛날의 마른냇골이 시작된다. 450년 전 이곳 어딘가의 집에서 잠시 쉬며 행장을 챙기던 퇴계가 있었다. 마른내로는 동대문역사문화공원역에서 퇴계로와 만나고, 조금만 더 가면 길 건너편에 광희문이 보인다.

광희문
퇴계는 광희문을 통해 한양 도성을 나와
배를 타기 위해 두뭇개 나루터로 향했다.
ⓒ도신서원선비문화수련원

광희문은 한국전쟁 때 문루가 파괴된 후 퇴계로 인도 옆에 방치되어 있다가 1975년 남쪽 15미터의 현 위치로 옮기며 수리 복원하였다. 숭례문이나 흥인지문과 비교하면 규모가 아담하고 예쁘다. 광화문에서 광희문까지 걸으면 1시간 정도 걸린다. 광희문 앞 벤치에 앉아 여행의 첫 번째 휴식시간을 가졌다.

광희문을 출발하여 청구로를 따라 청구역을 지나고 금호동고개를 넘어 신금호역까지 간다. 옛날에는 금호동고개를 한강가의 무쇠막水鐵里으로 가는 고개라고 하여 무쇠막고개라 불렀다. 신금호역 오거리에서 우측으로 꺾이는 금호산길이 옛길이다. 금호산길은 내리막길이고, 그 끝에서 동서의 장터길을 만나 왼쪽(동쪽)으로 꺾어 금남시장 삼거리로 갔다가 다시 오른쪽으로 독서당로를 따라간다.

우리나라 역사에서 가장 빛나는 임금 세종은 집현전의 젊은 학자들 중 뛰어난 사람을 선발하여 일정 기간 휴가를 주어 독서와 학문에만 전념할 수 있는 사가독서제賜暇讀書制를 실시했다. 말하자면 연구년 제도이다. 선발된 학자는 처음에는 자택에서, 나중에는 서울 서북쪽 북한산 자락의 진관사에서 독서와 학문에 전념하도록 하였다. 그 기간 동안 들어가는 비용은 모두 나라에서 대주었고, 홍문관에서 관리하였다.

1517년(중종 12)에는 두뭇개에 동호독서당을 만들었다. 퇴계는 34세인 1534년 과거에 급제하여 벼슬길에 들어섰고, 좀 늦은 나이인 41세에 인재로 선발되어 동호독서당에서 독서와 학문에 전념하였다. 독서당에 있을 때 퇴계가 어찌나 꼼짝도 않고 글 읽기에 집중하는지 동료들이 '담장 모퉁이에 선 나무'라고 놀렸다 한다.

독서당로를 따라 서쪽으로 계속 가면 옥수동 극동아파트 화단에 독서당 터를 나타내는 큰 알림돌이 서 있다. 퇴계의 마지막 귀향길은 독서당 터를 500미터 앞둔 옥수사거리에서 옥수고가차도와 지하철 3호선 밑의 좁은 독서당로40길 왼쪽으로 꺾여 내려간다. 옥수역을 지나 서빙고로를 만나면 서남쪽 모퉁이에서 두뭇개나루터공원이 우리를 기다린다. 바로 450년 전 퇴계가 고향으로 향하며 처음 배를 탔던 나루터다. 광희문에서 두뭇개나루터공원까지도 1시간 정도 걸리니, 두 번째로 쉬어갈 타임이다. 공원은 작지만 휴식하기에 딱 좋은 그늘과 벤치가 충분하다.

동호독서당 터
퇴계는 41세에 인재로 선발되어 동호독서당에서
독서와 학문 연구에 전념했다.
ⓒ도산서원선비문화수련원

광화문을 나선 퇴계는 광희문을 통해 도성을 나왔고, 두뭇개에 도착하여 독서당의 학습 동기였던 임당 정유길(1515~1588) 소유의 몽뢰정夢賚亭에서 서울의 마지막 밤이자 귀향길 첫날밤을 보냈다. 소식을 듣고 찾아온 10여 명의 명사들이 몽뢰정에서 전송하는 자리를 가졌다.

다음날인 1569년 3월 5일 아침에 퇴계 일행은 두뭇개에서 배를 타고 봉은사로 향했다. 우리는 배를 탈 수 없으니 이 구간을 걸어서 가야 한다. 두뭇개나루터공원에서 서빙고로의 횡단보도를 건너면 옥수역으로 오르는 계단이 나온다. 그 계단을 끝까지 오르면

강남에서 바라본 동호의 현재 모습
동호대교 북단에 몽뢰정과 두뭇개나루가 있었고,
그 오른편 매봉 아래에 저자도가 있었다. 저자도와 두뭇개 사이의 한강물이
호수처럼 잔잔해 이곳을 동호라 불렀다.
ⓒ도산서원선비문화수련원

참 좋은 사람을 따라 걷다

동호대교의 인도를 만나 한강을 건넌다. 다리를 건너다 뒤돌아보면 눈 닿는 곳마다 아파트 숲이다. 하지만 옛날에는 서울 남쪽 한강에서 알아주는 명승 중 하나였다.

동호독서당과 동호몽뢰정, 그리고 동호대교. 다 '동' 자가 들어간다. 그 옛날 두뭇개 앞에는 저자도楮子島라는 이름의 큰 모래섬이 있었고, 저자도와 두뭇개 사이의 한강물은 호수같이 깊고 잔잔했다. 그래서 그곳을 '서울 동쪽에 있는 호수'란 뜻의 동호東湖라고 불렀다.

동호는 알맞게 솟은 매봉鷹峯과 깊고 잔잔한 한강물, 거대한 모래섬 저자도가 어우러져 멋진 풍경을 만들어 냈다. 사람의 왕래도 적어 한적하고 아담한 분위기였다. 그래서 학문에 전념하라는 독서당이 동호 근처에 만들어졌고, 정유길의 몽뢰정을 비롯하여 도성 안 고관대작들의 별장이 동호 주변을 채웠다. 풍광이 뛰어나고 물이 깊고 잔잔하니 배를 띄워 시를 읊고 여유를 즐기는 잔치도 자주 벌어졌다. 배를 타고 낙향하는 고관대작의 송별식도 자주 동호에서 거행되었다.

┏스승님 떠나는 길 어떻게 막을까

다음날 아침 길을 메운 명사들과의 이별의 아쉬움은 동호와 저자도를 잇는 배 위로까지 이어졌다. 배에 오른 고봉 기대승이 떠나가는 스승에게 시를 올렸다.

한강물 넘실넘실 밤낮으로 흐르는데
스승님 떠나는 길 어찌하면 만류할까.
백사장에 닻을 끌며 느릿느릿 가는 길
이별의 아픔 만 섬의 시름 끝이 없어라.

고봉은 호남 출신으로 퇴계와 더불어 8년 동안 사단칠정四端七
情에 대한 논변을 펼쳤다. 우리 학술사에서 보기 드문 치열한 학문
논쟁이다. 더구나 두 사람은 스물여섯 살이나 차이가 나는 까마득
한 선후배 사이이다. 편지를 통해 논쟁을 거듭하는 동안 퇴계는 끝
까지 고봉의 의견을 존중하는 자세를 잃지 않았다.

선조는 퇴계의 낙향을 허락하면서 조정의 신하 중에 학문하는
사람을 추천하라고 하였다. 퇴계는 처음에는 추천을 하지 않다가
선조가 두세 번 거듭 묻자 고봉 기대승을 추천하였다.

"기대승 같은 사람은 글을 많이 읽었을 뿐만 아니라 성리학을
깊이 연구하여 가히 '통유通儒'라고 할 수 있습니다."

많은 제자들 중에서 43세의 고봉을 추천한 것은 그만큼 고봉이
성리학에 밝은 후학이라고 인정했기 때문이다. 후일 퇴계학의 주
요 계승자로 꼽히는 김성일, 류성룡, 정구는 아직 추천 대상이 아
니었다. 32세의 김성일과 28세의 류성룡은 신진 관료였고, 27세의
정구는 시골에서 학문에 열중하고 있을 때였다.

스승 퇴계는 더는 서울에 머물 수 없기에 임금 곁에 남아 나라
와 백성을 위해 더 많은 일을 해 주길 바라는 제자의 마음을 헤아
리면서도 떠나야 하는 자신의 간절한 마음을 담아 답시를 읊었다.

나란히 배에 앉은 이 모두가 명사들

돌아가려는 마음 종일 붙들려 머물렀네.

한강물 벼루에 담아 갈아서

끝없는 이별의 시를 쓰고 싶어라.

뱃사공은 동호에서 저자도에서 일찍부터 배를 묶고 기다리건만 이별의 정을 나누는 사람들은 물러갈 줄 몰랐다. 윤두수, 박순, 이순인, 구봉령 등등 문인들의 시 창수가 이어지고, 서로가 잡은 손을 놓지 못했다. 이윽고 퇴계는 배에 올라 전송 인사들을 향하여 손을 흔들었다.

두뭇개 앞에 있던 거대한 모래섬 저자도는 1970년대 압구정동 아파트단지 건설에 필요한 모래의 공급처가 되면서 흔적도 없이 사라졌다. 지금은 그 위로 동호대교가 지나가고 넓고 깊은 한강물이 넘실거린다. 이곳에서 퇴계는 배를 타고 한강을 거슬러 봉은사를 향해 갔지만 우리는 그 옆으로 걸어가야 한다. 동호대교 맞은편 끝에서 횡단보도를 건너 곧바로 만나는 계단을 내려가면 압구정동 한강가의 산책길과 자전거길로 연결된다. 이곳은 산의 북쪽에 해당되어 다른 곳에 비해 길이 높고 좁은 편이다. 그러나 남산과 북한산, 한강이 어우러지며 만들어 내는 아름다운 풍경을 감상하며 걷기에 좋은 코스이기도 하다.

동호대교 남단 못 미처 한강변으로 향하는 계단을 내려가면 자전거길 옆에 보행로가 조성되어 있다. 이 길을 따라서 한강을 왼편에 두고 상류 방향으로 계속 걷는다. 성수대교, 영동대교, 청담대교 아래를 지나 한 시간쯤 걸으면 한강과 탄천의 합류점이다. 그리고 올림픽대로 밑을 지나 탄천으로 접어들면 맞은편 올림픽주경기장으로 연결되는 봉은교가 보인다. 그 다리 직전에 봉은사로로 올라가는 계단이 있다. 그 계단을 올라 봉은사로를 따라 서쪽으로 800미터만 가면 퇴계가 귀향길 둘째 날 밤을 묵은 봉은사奉恩寺가 우리를 맞는다. 퇴계의 유교와 보우普雨(1509~1565)의 불교가 다름을 인정하며 상생을 추구했던 역사 현장이다.

봉은사는 억불숭유 정책을 편 조선시대에 불교를 중흥시킨 보우선사의 원력이 깃든 곳이며, 임진왜란 때 나라를 위해 승병을 일으킨 서산대사와 사명대사의 정신이 깃든 곳이기도 하다. 보우선

봉은사의 보우당
퇴계는 귀향길 둘째 날 밤에 봉은사에서 묵었다.
봉은사는 문정왕후가 왕실의 원찰로 삼았던 절이다.
ⓒ도산서원선비문화수련원

참 좋은 사람을 따라 걷다

사는 문정왕후의 도움을 받아 봉은사를 왕실의 원찰로 중창했는데, 1565년 문정왕후가 세상을 떠나자 불교 중흥의 문이 닫히고 살벌한 보복이 기다리고 있었다. 보우를 엄벌하자는 주장이 유림들로부터 용암처럼 뿜어져 나왔다. 성균관 유생들은 보우를 처벌해야 한다는 상소를 올렸다. 상소가 받아들여지지 않자 동맹휴학을 하고 그래도 허락하지 않자 과거에 응시하지 않겠다고 했다. 영남의 유생들은 통문을 돌려 대궐로 가서 상소를 올리기로 하였다. 그러나 퇴계는 무리지어 상소하는 것은 유자가 할 일이 아니라고 말렸다. 퇴계 또한 조선 성리학의 대가답게 불교를 배척하는 입장이었다. 그러나 퇴계는 유자들의 집단행동에 동조하지 않고 어짊仁을 숭상하는 선비가 취해야 하는 금도襟度가 어떤 것인가를 생각하라고 타일렀다. 퇴계의 만류로 예안과 안동 지역의 유림은 상소를 올리는 데 참여하지 않았다. 퇴계가 당시에 봉은사에서 편히 유숙할 수 있었던 것은 이러한 인연 때문이라고 할 수 있다.

┏건강의 길, 힐링의 길

우리는 귀향길 450주년을 재현하는 행사에 앞서 이곳저곳 답사를 하였다. 걷기 답사 첫날은 12시에 경복궁에서 출발하여 봉은사까지 약 15킬로미터 구간을 걸었다. 휴식 시간을 제외하고 4시간 정도 걸었는데 힘들어 하는 사람이 없었다.

둘째 날은 봉은사에서 팔당역까지 약 25킬로미터 구간이었다.

첫날처럼 우리 모두 가뿐히 걸으리라 생각했는데 그건 자만이었다. 일행 중 발바닥에 작은 물집이 잡히고 무릎 뒤쪽의 힘줄이 당기며 통증을 느끼는 사람이 하나둘 생겨났다.

셋째 날 일정은 팔당역에서 아신역까지 25킬로미터 정도의 코스였다. 이날도 절뚝이는 사람, 다른 사람 모르게 얼굴을 찡그리는 사람이 있었는데, 다음날 기적이 일어났다. 아신역에서 배개나루까지 걷는 약 21킬로미터 구간이었는데, 아무도 어려워하지 않고 잘 걸었다. 몸이 걷기에 적응한 것이다.

연습 한번 없는 초보자로서 퇴계의 마지막 귀향길을 하루만 걸은 사람이라면 너무 힘들다고 하면서 하루 도전했다는 것에 만족해할 것 같다. 이틀 걸은 사람은 사람이 할 짓이 못 된다고 하며 남이 한다면 말리고 싶다 말할지 모르겠다. 하지만 사흘 걸은 사람은 대체로 기적을 경험하며 누구든 전 구간을 도전해 봐도 좋겠다는 희망을 전할 것 같다.

아무리 경험해 보지 않은 사람이라도 신체만 건강하다면 인간의 몸이 두 발로 하루 종일 걷기에 편리하도록 진화했다는 것을 몸소 체험할 수 있다. 걷기에 편리하도록 진화한 몸을 쓰게 만드는 길, 건강의 길이다.

서서히 먼동이 트는 아침을 보고 느끼며 하루를 시작하는 것, 일상에선 경험하기 어려운 새로움이었다. 동녘의 산 위로 막 떠오르는 붉은 해를 배경삼아 사진을 찍던 여주 강천섬에선 밝게 빛나는 광배光背 앞의 부처라도 된 듯 황홀함을 맛봤다. 저물어 가는 노을 속 붉고 둥근 해가 남한강가 언덕의 소나무 숲에 걸린 풍경에 감탄사가 절로 나왔다. 해는 서산 아래로 졌지만 아직 남아 있는 낙조를 배경으로 큰고니가 둥실둥실 떠 있던 한강 여울의 풍경도 아스라이 떠오른다. 밝음에서 어둠으로 하루가 끝나가는 저녁을 서서히 보고 느끼며 하루를 마치는 것, 이 또한 일상에서 경험하기 어려운 새로움이었다.

하루 종일 걷는 길에 아침과 저녁만 새로움을 선사하는 것이 아니다. 지나가는 곳곳마다 서로 다른 하루의 풍경이 우리를 맞는다. 사무실에서, 공장에서, 시장에서 하루 종일 같은 공간을 마주하고 살아가는 현대인에게 하루 종일 시시각각 달라지는 풍경의

한적한 오솔길
걸으면서 보는 풍경은 서서히 다가와 멈추는, 그래서
마음으로 감상할 수 있는 그런 풍경이다.
ⓒ도산서원선비문화수련원

체험은 또 다른 새로움이다.

서울 거대도시의 높은 빌딩숲도 한강과 북한산과 하늘과 구름과 어우러져 멋지고 새로운 풍경으로 재탄생했다. 충주시 앙성면의 남한강가에서 도도한 강물의 흐름을 보았고, 비내섬 지나 남한강가의 한적한 오솔길을 걸으며 어떤 정원보다 멋진 자연정원을 만났다. 단양 대재竹嶺의 잘 단장된 숲속 길을 지나자 우리나라에서 가장 아름다운 마을이 나타났고, 영주와 안동의 시골길에선 그림 같은 사과밭 풍경이 우리를 기다리고 있었다.

뛰면서 보는 풍경은 스쳐 지나가는 풍경이다. 자전거를 타거나 자동차를 운전하며 보는 풍경은 휙 돌아서는 풍경이다. 걸으며 보는 풍경은 서서히 다가와서 멈추는, 그래서 마음으로 감상할 수 있는 그런 풍경이다. 풍경뿐이 아니다. 꽃과 나비와 벌과 새와 풀과 나무도 정겹게 반갑게 다가온다.

하루 모든 시간의 새로움을 느끼며 일상의 스트레스를 잊는 길, 힐링의 길이다.

자신의 속도에 맞추어 안전하게 걷는 길

우리는 10리를 4킬로미터라고 배웠다. 하지만 그런 인식은 일제강점기 때부터 생긴 것이고, 조선시대의 10리는 5.517킬로미터였다. 그리고 평범한 옛날 사람들이 하루에 걷는 거리는 90리였다. 요즘의 거리단위로 계산하면 9×5.517=49.65, 대략 50킬로미터다.

옛날에는 걷는 게 일상이었으니 누구나 걷기의 달인이었다. 현대인은 하루에 아무리 많이 걸어도 옛날 사람의 오분의 일에도 못 미치는 것이 보통이다. 그러니 걷기의 능력에서 현대인은 옛날 사람들과 비교불가다.

퇴계는 서울을 오갈 때 조선의 양반과 관리가 대체로 그랬듯이 말을 타고 다녔다. 양반과 관리가 탄 말은 말몰이 하인이 말의 고삐를 쥐고 가는 것이라 걷는 속도와 같았다. 만약 하루 약 50킬로미터의 속도로 움직였을 젊은 퇴계의 귀향길 일정을 따라가려 했다면 초주검이 되었을 거다. 절대로 귀향길 일정에 맞추어 걸을 수가 없다. 다행히 퇴계의 마지막 귀향길은 훨씬 느리게 이동할 수밖에 없는 퇴계의 나이 예순아홉 살 노년에 이루어졌다. 두뭇개부터 충주 달내나루까지는 걷는 속도의 절반 정도로 움직이던 배를 타고 거슬러 올라갔고, 존경받는 대학자였기에 중간 중간 관원들의 환영을 받기도 하고 지인을 만나 지체하기도 했다.

예순아홉 살의 퇴계는 1569년 음력 3월 4일 경복궁의 광화문을 출발하여 3월 17일 도산서원에 도착하였다. 경복궁의 광화문에서 도산서원까지 14일이 걸린 것이다. 그렇다면 젊은 퇴계였다면 얼마쯤 걸렸을까.

1531년에 간행된 조선 최고의 지리지 《신증동국여지승람》에는 전국 모든 고을의 중심지에서 서울까지의 거리가 적혀 있다. 도산서원이 지금은 안동시에 속해 있지만 조선시대에는 예안현 땅이었다. 《신증동국여지승람》에는 예안–서울의 거리가 545리로 적혀 있다.

조선 후기를 대표하는 《여지도서》(1765년경)에도 예안–서울의 거리는 545리로 적혀 있다. 더불어 '6일 걸린다六日程'는 시간 거리도 기록되어 있다. 이러한 시간 거리는 계산을 통해서도 쉽게 나온다. 옛날 사람들은 하루에 평균적으로 90리를 갔기 때문에 545리÷90리=6.06일이다. 10리=5.517킬로미터를 적용하여 요즘의 거리 단위로 계산하면 54.5×5.517=300.7킬로미터이다.

예안-서울의 거리 측정 기준점이었던 예안현의 중심지는 안동시 도산면의 서부리에 있었고, 서울-서부리와 서울-도산서원의 거리는 별 차이가 없다. 그러니 젊은 퇴계가 서울에서 말을 타고 부지런히 내려왔다면 14일이 아니라 6일이면 도산서원에 도착할 수 있다.

545리는 걸어서 가는 길을 기준으로 측정한 것이다. 걸어서 가는 길은 최단 코스인데, 퇴계의 마지막 귀향길은 서울의 두뭇개나루부터 충주의 달내나루까지 배를 타고 가면서 좀 돌아갔다. 얼마나 더 돌아 걸었는지 정확하게 잴 수는 없지만 지도에서 대략 헤아리면 50리 정도는 되는 것 같다. 그래서 퇴계의 마지막 귀향길은 조선시대 기준으로 600리길이라고 할 수 있겠다.

이처럼 문헌을 통해 유추하면 300킬로미터가 넘지만 실제 귀향길 답사와 그 전후 여러 차례 걷기를 통하여 확인한 결과 우리가 걸은 총 거리는 대략 243킬로미터, 배를 타고 간 거리는 약 33킬로미터였다. 이 숫자는 측량기구를 사용한 정확한 측정은 아니고, 네이버 지도의 도보 구간 거리와 만보기를 이용한 이동 거리를 참고한 것이다. 정확히 따지면 충주호 구간은 배나 버스를 타고 가니 걷는 구간이 좀 더 줄어든다. 퇴계는 현대인의 걷기 능력에 맞는 길을 우리에게 남겨 준 셈이다. 자신의 속도에 맞추어 쉬엄쉬엄 걸어도 퇴계의 귀향길 일정을 따라 별 무리 없이 걸을 수 있다. 산티아고길 순례자들도 자신의 컨디션에 따라 하루 20~30킬로미터 정도를 목표로 잡고 걷는다. 사실 퇴계가 머무른 날짜를 딱딱 맞출 이유도 없다. 그 길을 따라 가되 주변의 유적지나 맛집 등 기호에 따라 들러 들러 가는 것도 묘미가 있다.

여행, 그중에서도 걷기 여행은 첫째도 둘째도 안전이 중요하다. 그런데 만약 퇴계가 마지막 귀향길 전체를 걸어서 가는 길을 택했다면 송파나루에서 충주의 충청감영에 이르는 길이 특히 문제가 된다. 현재 이 구간의 옛길은 송파나루–광주 시내–이천 시내–장호원–목계나루–충주 시내를 연결하는데, 차량통행이 많은 4차선 도로로 바뀌거나 인도가 없는 구간이 너무 많다. 그래서 안전하게 걷기가 정말 어렵다.

그런데 퇴계는 서울 한강가의 두뭇개나루(옥수역)부터 충주의 탄금대達潭까지 배를 타고 갔다. 그 뱃길을 따라 현재 국토종주 자전거길이 잘 닦여 있다. 몇날 며칠을 걷기에 이보다 더 안전한 길은 없다. 충주 구간에서 찻길과 자전거길이 겹치는 구간이 조금 있기는 하지만 차량의 통행량이 거의 없어 조심만 하면 큰 위험은 없다.

충청감영부터 도산서원에 이르는 귀향길 또한 신기하게도 위험 구간이 거의 없는 길이다. 충청감영에서 충주호와 만나는 마즈막재까지의 길은 신호등을 잘 지키고 인도를 따라가면 위험하지 않다. 마즈막재부터는 길이 충주호에 잠겨 충주나루로 가서 유람선을 타고 우리나라에서 가장 멋진 절경 중의 하나로 꼽히는 구담봉·옥순봉 등을 감상하며 단양의 장회나루까지 가면 된다. 유람선이 뜨지 않으면 충주터미널에서 단양 가는 시외버스를 타고 가다 장회나루에서 내려 걷기 시작하면 된다.

장회나루부터 도산서원까지 인도 없는 찻길로 가야 하는 곳은 장회나루부터 옛 단양군의 중심지였던 단성면 소재지까지 약 8킬로미터 구간, 영주동산고등학교에서 영주시 이산면 용상리 마을길 초입까지 약 4킬로미터 구간 정도가 있다. 이 구간들은 최대한 조심하면서 걸어야 하는데 다행스럽게도 차량의 통행량이 많지 않은 시골길이다.

만약 퇴계의 고향이 대재竹嶺를 지나는 경상도 북부의 예안현이 아니라 충청도나 전라도, 문경새재를 지나는 경상도의 서부 또는 중남부 지역이었다면 인도 없는 찻길을 걸어가는 구간이 상당히 많고 길다. 그랬다면 아무리 역사적 의미가 있다 하더라도 너무 위험하여 일반인들에게 걸어가 볼 것을 권할 수가 없다.

요즘 전국적으로 역사적 인물을 내세우는 길이 곳곳에 만들어지고 있다. 가운데는 일주일 이상 걸어가는 길도 있을 텐데, 퇴계의 마지막 귀향길만큼 안전한 길은 없을 듯하다. 물론 인도가 새로 설치되어야 하는 구간이 남아 있어 완벽하다고 할 수는 없다. 하지만 퇴계 귀향길이 널리 알려지면 그런 구간에도 인도가 놓여 완벽하게 안전한 길이 되는 날이 올 수 있다는 기대를 품어 본다.

❖ 이기봉

경복궁 광화문 — 봉은사

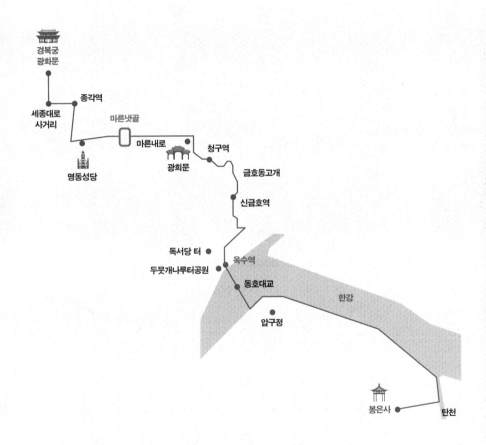

경복궁 광화문에서 봉은사까지 도심을 걷는 구간이다. 광희문을 지나 금호동고개를 넘어 두뭇개나루터공원에서 잠시 숨을 돌린 뒤 옥수역으로 올라가 농호대교의 인도로 진입하여 한강을 건넌다. 동호대교 남단 못 미처 한강변으로 가는 계단을 내려가면 자전거길 옆에 보행로가 조성되어 있다. 올림픽대로 밑을 지나 탄천으로 접어들면 봉은교가 보이고, 그 다리 직전에 봉은사로 올라가는 계단이 있다.

나의 진휴眞休를
막지 마시오

봉은사에서 미음나루까지

애당초 퇴계는 세속의 명리를 벗어나 자연을 즐기고 사랑하는 것이 정도에 지나쳐 마치 고치기 어려운 깊은 병을 지니고 있는 듯하였다. 이 같은 천석고황泉石膏肓이 퇴계를 평생토록 따라다녔고, 오늘에 이르러서야 그 병을 치유할 수 있는 마지막 기회를 잡은 것이다.

┌수채화의 한 장면이 되어 걷다

1569년 음력 3월 6일, 퇴계가 눈을 뜬 봉은사에 아침이 밝았다. 그리고 2019년 4월 10일(음력 3월 6일), 우리들을 깨우는 종소리와 함께 봉은사에 새 아침이 밝았다. 밤새 봄비가 내린 탓인지 사월의 이른 아침은 제법 쌀쌀했다. 아침 식사를 가볍게 마치고 짐을 꾸려 8시에 길을 나섰다.

애당초 퇴계는 세속의 명리를 벗어나 자연을 즐기고 사랑하는 것이 정도에 지나쳐 마치 고치기 어려운 깊은 병을 지니고 있는 듯하였다. 이 같은 천석고황泉石膏肓이 퇴계를 평생토록 따라다녔고, 오늘에 이르러서야 그 병을 치유할 수 있는 마지막 기회를 잡은 것이다.

우리 일행은 상큼한 아침공기를 가르며 봉은사 정문을 나서 동쪽 방향으로 걷다가 영동대교를 가로질러 탄천을 향해 걸어갔다. 탄천 위에 놓여 있는 봉은교를 보며 계단을 통해 탄천 자전거길로 내려갔다. 탄천 물가로 내려서자마자 자전거길 옆 보행로를 따라서 한강 쪽으로 내려가면 얼마 뒤에 한강과의 합수 지점에 도달한다. 여기서 우측으로 자전거길과 보행자 전용의 작은 다리를 건너면, 전방 우측에 잠실종합운동장이 보이고 좌측에는 송파둘레길이라는 표지가 있다. 이 길을 따라서 한강 상류 방향으로 계속 올라간다. 한강을 끼고 간간이 흩날리는 빗방울을 맞으며 걸어온 서쪽을 돌아보니, 그 옛날의 동호와 저자도, 그리고 퇴계가 도성을 나와 하룻밤을 묵었던 몽뢰정이 아스라이 보이는 것 같다.

퇴계가 배를 타고 저 푸른 한강 가에서 조정의 관료와 제자들과 시를 창수하며 전별하던 장면을 떠올려 본다. 그날 퇴계를 전송

비오는 날의 광진교
이슬비가 내리는 봄날의 풍경은 담담한 물빛을 띤 수채화였다.
ⓒ도산서원선비문화수련원

하기 위해 벼슬아치와 유생들이 몰려나와 도성이 빌 정도였다고
하니 얼마나 많은 사람들이 저곳에 운집하였을까. 그 장면 하나만
으로도 견해가 다른 사람까지 넉넉하게 품었던 퇴계의 인품을 짐
작할 수 있다.

문득 동호에서 저자도로 가는 배 위에서 지은 고담孤潭 이순인
李純仁(1533~1592)의 시가 생각난다.

> 한강물 유유히 밤낮으로 흐르는데
> 외론 돛배 길손 행차 위해 머물지 않네.
> 고향은 가까워지나 종남산은 멀어져
> 시름 없어야 하건만 도리어 시름 있으리.

한강물은 내 마음을 아는가? 나를 위해 스승의 걸음을 붙잡아
주지 않는가? 스승께서 떠나시면 고향 길은 가깝겠지만 한양의 남
산은 점점 더 멀어질 것이다. 떠나시는 지금은 시름이 없는 것 같
지만 떠나시고 나면 스승의 나라 생각하는 시름이 더욱 깊어질 것
이다. 실로 스승의 심중을 헤아리는 제자의 마지막 인사였다.

이수광李睟光(1563~1628)은 《지봉유설》에서 "퇴계 선생이 남쪽
으로 돌아가시던 날, 당시 명사들이 한강까지 전송 나와 이별의 시
를 지었는데, 이순인의 시가 가장 아름답다"라고 하였다. 그만큼
이별의 정감이 뚝뚝 묻어나는 한편 깊이가 느껴지는 시이다.

이순인은 서울 출생으로 젊은 시절 퇴계와 남명 문하에서 공부
하였다. 1572년(선조 5) 문과에 급제한 후 승문원 정자로 시작하여

성균관 전적, 홍문관 교리, 사간원 사간, 형조 참의, 도승지 등에 임명되었다. 선조가 병환이 있어 궁내에서 불사佛事를 한다는 소식을 듣고, 그는 유생들과 함께 상소하여 정업원淨業院을 없애자고 청하였다. 1592년 임진왜란 때 예조 참의로서 선조를 호종하다 왕명으로 중전과 동궁을 모시고 성천에 이르렀는데, 그곳에서 과로로 병이 들어 세상을 떠났다. 특히 문장에 뛰어나 백광훈白光勳·최경창崔慶昌·이산해李山海 등과 함께 '8문장'으로 불렸다.

한 시간 남짓 걸었을까? 어느덧 한강변의 잠실대교 아래에 이르러 첫 휴식시간을 가졌다. 10여 분 동안 쉬면서 한강을 배경으로 인증샷을 찍기도 하고, 일행과 덕담을 나누며 훈훈한 시간을 가졌다.

다시 서로를 격려하며 한강변을 걷기 시작한다. 빗줄기가 제법 굵게 내리지만 우리는 아랑곳하지 않고 아름답게 가꾼 한강변의 무궁화동산, 평화광장, 선착장 등을 지나고 올림픽대교, 천호대교 아래를 지나 광진교 남단을 향해 길을 잡는다. 광진교에 이르러 다리 위로 올라와 잘 조성된 아름다운 꽃길을 걸을 즈음 빗줄기가 더욱 거칠어진다. 우리는 궂은비 속에 광나루를 향해 말없이 걸었다. 광진교 중간에서 고개를 돌려 바라보니, 봄비 내리는 한강의 원경이 그야말로 한 폭의 수채화 같았다.

「퇴계와 정존재, 광나루에서 만나다

퇴계는 봉은사를 떠나 뱃길로 한강을 거슬러 올라와 반나절이 지날 즈음 광나루에 이르렀다. 나루에 도착하자 반가운 얼굴이 퇴계를 맞이했다. 제자 정존재靜存齋 이담李湛(1510~1575)이었다.

이담은 용인 이씨로 한훤당 김굉필의 문인인 류우柳藕(1473~1537)에게 배웠으며, 경재敬齋 경세인慶世仁의 사위가 되어 그에게서도 배웠다. 27세 때 문과에 급제한 후 수찬, 지평 등을 역임하였으나 을사사화 때 삭직되고 양재역 벽서사건에 연루되어 양산梁山으로 유배되기도 하였다. 이 벽서사건은 윤원형을 필두로 한 소윤小尹 일파가 양재역에서 '문정왕후와 간신 이기李芑가 권력을 휘둘러 나라가 곧 망할 것'이라는 내용이 담긴 익명의 벽서를 발견해 반대파인 대윤大尹 일파의 잔당을 숙청한 사건이다.

광나루
겸재 정선의 〈경교명승첩〉 중 광진廣津 부분이다. 퇴계는 이곳에서 사랑하는 제자 이담과 작별하였다.

이담은 유배에서 풀려난 이후 감사를 거쳐 병조 참의까지 올랐다. 만년에는 《주역》을 좋아하였으며, 의약, 천문, 산수, 서화 등에 뛰어났다. 퇴계보다 9세 연하로 한때 같은 관직에 재임하기도 하였지만 끝내 후학으로 자처하여 늘 공손하게 질의하며 배움을 청했다.

스승이 떠난다는 소식을 뒤늦게 접한 이담은 지름길로 한걸음에 달려왔다. 다시는 스승을 뵙지 못할 것이라는 생각에 아픈 몸을 이끌고 달려온 것이다. 퇴계는 뜻밖에 찾아온 그를 보자 만남의 기쁨보다 헤어져야 할 처지가 더 곤혹스러웠다. 정존재는 다시 보지 못할 퇴계에게 마지막 시를 지어 올렸는데, 그 시가 현재는 전하지 않아 아쉽다. 퇴계 역시 그와의 만남이 다시 성사될 수 없음을 예감한다. 가슴이 저며 온다. 귀향길을 만류하는 제자의 시에 퇴계는 3수의 시를 지어 화답하였다.

> 아녀자처럼 이별 눈물 줄줄 흘리기 싫어
> 때에 따라 갈 땐 가고 쉴 때에는 쉬는 것.
> 구성자駒城子여, 오늘 정이 이리도 깊으니
> 두 늙은이 이별하기 어려움을 알겠구려.

이 시의 제목이 〈정존재 이담이 병환 중에 내가 떠난다는 소식을 듣고 억지로 일어나서 광나루로 쫓아와 작별할 때, 절구 세 수를 나에게 주기에 차운하여 드리다〉이다. 구성은 용인의 옛 이름으로 정존재의 관향貫鄕이기도 하다. 회자정리會者定離라 했던가? 사람은 누구나 형편에 따라 진퇴의 거동을 결정해야 하는 것이다.

나의 진휴眞休를 막지 마시오

퇴계는 지금이 바로 고향으로 돌아가야 할 때라고 판단하였다. 서로 간에 헤어짐이 섭섭하고 아쉽지만, 아녀자들처럼 이별의 눈물은 흘리지 말자고 당부한다. 그래도 퇴계는 마지막 구절에서 평소 두 사람의 정의가 두터워 이별하기 쉽지 않음을 드러내었다. 시를 통해 퇴계와 정존재가 이별하는 장면이 선명하게 떠오른다.

> 병든 몸 이끌고 돌아가는 배 쫓아와
> 봄바람 푸른 강에 눈물을 뿌리누나.
> 어찌 평생 교분을 생각해 주지 않는가.
> 진휴를 만류하여 가휴를 만들려나.

'진휴眞休'는 '진성한 퇴휴退休'라는 뜻이다. 중국 송나라 소식蘇軾의 시에 "눈앞의 이 경치는 망상일 뿐이니, 몇 사람이나 숲 속의 진정한 퇴휴자일까此境眼前聊妄想 幾人林下是眞休"라는 시구에서 인용한 것이다. "봄바람 푸른 강에 눈물을 뿌리누나"라는 표현은 고려 시대 이별시의 백미인 정지상鄭知常의 〈송인送人〉이란 시의 "비개인 긴 언덕에 풀빛이 푸르른데, 남포에서 님 보내며 슬픈 노래 솟구치네. 대동강 물이야 어느 때 마를거나, 해마다 이별 눈물 강물에 더하는 것을雨歇長堤草色多 送君南浦動悲歌 大同江水何時盡 別淚年年添綠波"이라는 시상과 맥락이 통한다고 할 수 있다.

퇴계는 정존재만은 자신의 귀향을 이해해 주리라 믿었다. 그런데 막상 이별 자리에서 만나고 보니, 자신의 귀향을 만류하지 않는가? 귀향을 만류하는 정존재에게 진정 떠나야 하는 자신의 심정을 알아 달라고 하였다.

벼슬살이는 만족할 줄 알아야 되고
사람 일은 오랑캐를 징벌하듯 단호해야지.
퇴휴를 허락해 주심에 깊이 감격하는데
억지로 만류한들 무엇이 두려울까.

퇴계는 더 이상 임금 곁에 머무르는 것은 욕심이라고 생각하였
다. 자기 분수를 알고 사전에 그에 걸맞은 처신을 해야 한다고 여
겼다. 임금께 어렵사리 진정한 퇴휴를 허락받았으니, 그대는 마음
편히 떠날 수 있도록 나를 놓아 달라고 간청한다. 만약 당신이 순
순히 나를 보내 주지 아니해도 당신 뜻과는 무관하게 나의 결심은
확고하니, 만류해도 소용없을 것이라고 하였다.

퇴계는 1563년 봄에 그를 위해 〈정존재잠靜存齋箴〉을 지어 주기
도 하였다.

하느님이 본성을 내려 주니
근본은 진실되고 고요하다네.
어찌 말단에서 변하여
그 본성을 손상시킬까.
외물이 달라붙어 뒤흔드니
날마다 마음으로 다투네.
감정과 욕망이 타오르고 방탕하여

나의 진휴眞休를 막지 마시오

온갖 생각 천만 갈래로 갈라지네.

끝없이 전도되고 어두워지면

늙도록 빠져들어 슬퍼할 것이네.

그 근본을 구하지 않으면

어떻게 보존할 수 있으랴.

그 근본이란 무엇인가.

고요함을 주로 함을 법칙으로 삼아야 하네.

……

고요함으로 근본을 세우고

경으로 본말을 관통하네.

양면으로 그 공부를 다 하면

오랜 시간 지나면 체득함이 있으리.

정직하고 신실한 나의 친구

옛 학문에 힘쓰더니

이것과 뜻이 맞아

서재에다 편액을 써서 걸었네.

이 글로 그 뜻을 밝히니

한 가지라도 빠뜨림이 없네.

나와 난초의 향기 함께하며

더불어 진보할 은택을 베푸네.

내가 그래서 이 잠을 지어

함께 힘쓰려고 하네.

퇴계는 하늘로부터 부여받은 본성은 진실되고 고요하다고 했다. 그런데 이 본성이 외물에 의해 손상되어 감정과 욕망이 타오르고 온갖 생각이 천 갈래 만 갈래로 나뉜다. 어떻게 하면 본성을 회복할 수 있을까? 사람됨의 공부와 사람 완성의 공부는 동정動靜이 반복되는 삶을 통하여 천리天理를 체인體認하고 확충하여 천리가 주인이 되는 삶을 확립하는 것이다.

이러한 공부가 곧 퇴계가 성학의 시종始終이라고 하며 강조하는 경敬이다. 퇴계는 정靜할 때의 마음공부를 삶의 근본으로 중시하지만 동動할 때의 공부도 함께 중시하였다. 정할 때를 바탕으로 하되, 정할 때와 동할 때 내內와 외外가 하나로 관통되는 삶을 지향하기 때문이다. 퇴계는 정에만 치우치면 가족 중심의 인륜적 삶과 정치적 질서를 중심으로 하는 사회적 삶을 해치게 된다고 보았다. 이는 바로 퇴계가 불교와 노장老莊의 수양론을 비판하는 이유이기도 하다.

퇴계는 이 잠의 말미에 정직하고 신실한 벗 정존재가 옛 성현의 학문에 힘을 써서 한 치 어긋남이 없음을 알기에 이 잠을 지어 준다고 하였다. 아울러 난초 향기처럼 뜻을 같이하는 벗으로서 더욱 더 학문에 힘쓸 것을 다짐하기도 하였다.

이처럼 정존재는 퇴계에게 뜻을 같이하는 벗이자 난초 향기 같은 고결한 제자였다. 비록 아홉 살밖에 차이 나지 않지만, 인생 후반에 두 사람이 작별하는 모습에서 진정 사제 간의 정의情誼가 무엇인가를 일깨워 주고 있다.

「만물마다 오묘한 하늘을 머금었네

광진교 북단 끝부분에서 녹지를 끼고 왼쪽으로 난 좁은 계단으로 돌아 내려가면 한강변 자전거길 옆 산책로가 나온다. 비는 그치지 않고 계속 내린다. 우리 일행은 비옷과 우산을 받쳐 들고 광진교 북단 끝부분에서 다리 옆의 계단을 이용하여 한강으로 내려갔다. 그리고 남양주의 미음나루를 향해 계속 강변길을 걷는다. 그 옛날 퇴계가 배를 타고 한강을 거슬러 올라갔을 그 한강변을 우리는 걸어서 가는 것이다. 멀리 한강 건너편으로 명일동 아파트 숲들이 보인다. 이윽고 서울을 벗어나 구리시의 경계표석을 지나니, 한강변의 녹지가 한강시민공원이라는 명칭으로 바뀐다. 12시경 구리 암

비내리는 강변길
예쁜 우비를 입고 엄마와 함께 걷는 어린이들
ⓒ도산서원선비문화수련원

사대교를 지나는 길에 '한강을 맑게 더 푸르게' 라는 자연보호 팻말이 보인다. 몇 시간 동안 강물과 하나 되어 걷다 보니 강물의 일부가 된 느낌이다. 모두가 힘든 기색은 없고, 맑고 힘찬 표정으로 곁의 사람들과 가벼운 대화를 나누며 걷는다.

가늘어지는 빗줄기를 따라 어느덧 구리 한강시민공원 휴게소에 도착하였다. 우리 일행은 여기서 점심을 먹기로 하였다. 이른 아침 봉은사를 출발해 부지런히 걷고 또 걷는 동안 시장기가 바짝 따라붙은 듯 배가 몹시 고프다. 봄이지만 비가 온 뒤라 제법 강바람이 쌀쌀했다. 차가운 김밥에 뜨거운 컵라면을 곁들이니, 그야말로 세상에 부러울 것 없는 밥상이 된다. 게다가 따뜻한 커피 한잔

강변 풍경
길게 이어진 길 여기저기에서 활짝 핀 꽃들이 걷는 이들과 눈을 맞춘다.
©도산서원선비문화수련원

나의 진휴眞休를 막지 마시오

이 움츠렸던 몸을 확 풀어 준다.

간단한 김밥 점심이 평생 소박하고 검소한 생활을 실천했던 퇴계의 일상을 돌아보게 한다. 《퇴계선생언행록》에 음식과 관련한 몇 가지 일화가 실려 있다. 기록에 따르면, 퇴계는 아침과 저녁만 먹었고, 손님이 온 경우가 아니면 때에 맞지 않는 끼니를 차린 적이 없었다. 끼니마다 반찬은 두서너 가지에 불과했다. 밥상에는 가지나물, 무나물, 미역이 자주 올랐고, 가끔 말린 포脯가 놓이기도 했다.

음식과 관련해 권철權轍(1503~1578) 대감과의 일화는 너무도 유명하다.

선생이 서울에 올라가서 한양성 서편에 잠시 살고 있을 때, 지금의 좌의정 권철이 와서 뵈었다. 선생이 식사를 대섭했는데 권철은 맛이 없어 도저히 먹을 수가 없었다. 그러나 선생은 맛있는 음식을 먹는 듯 조금도 어려워하는 기색이 없었다. 권철은 결국 젓가락을 대지 못하고 물러나와 사람들에게 "지금까지 입맛을 잘못 들여 이렇게 되었으니 참 부끄러운 일이다"라고 하였다.

잠시 휴식도 취하고 허기도 달랬으니 또다시 목적지를 향해 길을 나선다. 태극기공원을 지나 저 서쪽으로 아차산이 보인다. 아차산은 아단성阿旦城, 아차성蛾嵯城, 장하성, 광장성 등 여러 이름으로 불렸다. 이곳은 신라, 고구려가 한강을 중심으로 장기간에 걸쳐 공방전을 벌였던 곳인 만큼 온달장군 설화 등 여러 가지 역사적인 사연이 무성한 산이다.

1시 30분, 구리 한강시민공원의 갈대숲 길을 따라 걸으며, 퇴계가 한강을 건널 때 제자들과 창수한 시들을 되뇌이면서 걷기를 재촉한다. 한 시간쯤 지나 강동대교를 통과하여 구리 수석교에 이르렀다. 수석교 밑을 지나 왕숙천으로 접어들어 왕숙천교를 건너니, 여기서부터는 남양주시다. 한강변을 끼고 양평, 팔당 방향으로 길을 잡는다.

한강수는 말없이 흐르고, 퇴계가 탄 배는 고향을 향해 조금씩 더디게 나아간다. 우리도 걷고 또 걷고, 또 걸어서 드디어 제2의 구리 한강시민공원을 만난다. 저 건너 하남시가 한 폭의 그림처럼 강물 위에 떠 있다. 철학적 이치가 담긴 퇴계의 시 한 구절이 떠오른다.

"물물개함묘일천物物皆含妙一天"

만물마다 모두 오묘한 하늘을 머금고 있다는 뜻이다.

오락가락하는 봄비 속을 뚫고 일행은 무사히 미음나루에 도착하였다. 오늘 꼬박 19킬로미터를 걸었다.

퇴계는 무슨 생각으로 임금의 간곡한 만류를 뿌리치고 귀향을 결심했을까? 이는 벼슬보다 진실한 가치가 바로 학문의 완성에 있다고 생각했기 때문이다. 그 학문은 이론도 아니고 시의에 따르는 편의성도 아니고, 가장 사람답게 살아가는 길을 찾기 위함이었다. 한마디로 퇴계의 위대한 경敬 사상은 '실학'의 열매를 맺기 위한 후학들의 굳건한 디딤돌이 되었고, 나아가 오늘날 '섬김의 리더십'으로 새롭게 조명을 받고 있다.

❖ 권진호

나의 진휴眞休를 막지 마시오

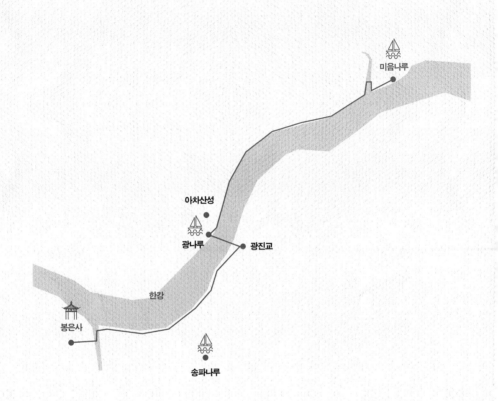

봉은사에서 남양주시 수석동 소재 미음나루까지 가는 여정이다. 봉은사를 출발하여 봉은교를 지나 한강시민공원으로 내려가서 강변의 산책로를 이용한다. 광진교 남단에서 다리의 인도를 이용하여 북단에 도달하면, 다리 옆의 계단을 이용하여 한 강변으로 내려간다. 이후 미음나루에 이르기까지 자전거길을 따라서 강변을 걷는 다. 대부분의 노정이 한강을 따라가므로 매우 쾌적한 길이다.

퇴계의
학맥을 이은
성호와 다산

미음나루에서 한여울까지

다산은 매일 새벽에 일어나 세수를 한 뒤 퇴계집의 편지 한 편을 읽는 것으로
하루를 시작했다. 공무를 마친 뒤에는 그 의미를 부연 설명하는 뜻을 한 조목씩
수록하여 도산사숙록을 엮었다. 타인의 학설을 비판할 때는 객관적이고 공정
하여야 한다는 다산의 생각은 오늘날에도 시사하는 바가 크다.

석실서원,
농암-삼연-미호로 이어지는
낙론의 본거지

1569년 음력 3월 7일, 퇴계는 무임포(현재 남양주시 미음나루)에서 배에 올라 한여울로 향하였다. 지리학자 이기봉에 따르면, 본래 남양주 미음나루는 한자로 독진禿津이라고 적었는데 퇴계가 우리말 지명을 듣고 임의로 '무임포無任浦'라고 표기한 것으로 추정된다고 한다.

좋은 나루터가 되려면 물이 깊고 천연 방파제가 있어 접안을 용이하게 할 수 있는 지형적인 조건과 함께 도시와 넓은 배후 지역을 연결하는 '결절지'가 중요하다. 미음나루는 미호 하류의 풍부하고 깊은 강물과 토사가 쌓이지 않는 지형적인 조건을 갖추고 있다. 미음나루는 봉은사와 한여울 사이에 있는 중요한 포구이다.

2019년 4월 11일(음력 3월 7일), 우리는 오늘 29킬로미터를 걸을 것이다. 마음을 단단히 여미며 발걸음을 내딛는다. 미음나루에서 부터는 절벽이 이어져 강변길이 끊긴다. 잠시 길을 돌아가야 한다. 수석리 토성이 있는 고개를 넘어 내려가자 오른쪽으로 조선 초기의 문신 조말생趙末生의 묘역이 보인다. 그 아래에 석실서원石室書院터가 있다. 지금은 수석리로 불리지만 100년 전에는 서원말, 미호나루로 불렸다. 시대의 변화에 따라 땅이름은 변화한다. 그곳에 사는 사람도 변한다. 그러한 변화 속에서도 옛 모습이 곳곳에 흔적으로 남아 있다.

신안동新安東(=後安東) 김씨들은 퇴계의 고향과 멀지 않은 안동

석실서원 터
석실서원은 김상용과
김상헌을 기리기 위해 건립했다.
노론 서원의 경기 지역 본거지로서
위상이 높았다.
ⓒ도산서원선비문화수련원

풍산 소산에 살다가 청음 김상헌金尙憲의 증조부 때 상경하여 서울 장의동(장동)에서 권력의 절정에 올랐고, 석실에서는 김창협·김창흡·김원행을 중심으로 높은 학문을 이어 갔다. 석실은 한양에서 가까운 데다 한강 수운을 통하여 물자조달이 쉬우며 경치가 아름답고 문중 묘역과도 가까워서 터를 잡게 된 것이다. 퇴계의 제자인 우계 성혼과 월정 윤근수에 도학道學의 근원을 둔 김상헌의 학맥은 김창협·김창흡–김원행으로 이어진다.

석실서원은 병자호란 때 척화신이었던 김상용金尙容과 김상헌을 기리기 위하여 1656년(효종 7)에 건립했다. 1663년(현종 4) 석실사石室祠라는 편액을 하사받고, 사액서원으로 승격되었다. 1697년(숙종 23) 김수항金壽恒·민정중閔鼎重·이단상李端相이 배향되었고, 그 이후에 김창집·김창협·김창흡·김원행·김이안·김조순 등이 추가 배향되었다. 안동 김씨 문중서원이지만 김창협·김창흡·김원행으로 계승되는 낙론洛論의 본거지 역할을 하였다. 서인 노론서원의 경기 지역 본거지로 위상이 높았으나, 대원군 때 훼철되고 옛 터에 화강암 유허비만 남아 있어 세월의 무상함을 느끼게 한다.

안동 김씨는 김상헌·김수항·김창집·김조순·김좌근이 정계의 핵심으로 참여하는 한편, 김창협·김창흡·김원행은 호락논쟁湖洛論爭에서 낙론의 주도자로서 조선 후기의 학문과 예술을 꽃피우기도 하였다. 1900년에 명성황후 능을 이장하기 위해 금곡 홍유릉 터에 있던 양주 조씨 조말생의 묘를 왕명에 의해 헐려 있던 석실서원 터로 옮겼다. '화무십일홍 권불십년 세도육십년'이라는 권력무상을 상징하는 사례이다. 이른바 장동 김씨는 청음 김상헌의 손자인 3

수三壽(김수증, 김수홍, 김수항)와 김수항의 아들이자 청음 증손자인 6 창六昌(김창집, 김창협, 김창흡, 김창업, 김창즙, 김창립)으로 아주 유명한 가문이었다.

그 가운데 학문으로 이름을 날린 삼연 김창흡(1653~1722)이 남긴 〈도산서원〉이란 시에 그가 얼마나 퇴계를 흠모하였는지 잘 나타나 있다.

자리와 지팡이가 옛집에 의연하게 있으니
문득 가르침을 받는 것 같아 의관을 바로 하네.
이곳 산수자연에 대해서는 감히 글을 짓지 못하네.
명종께서 일찍이 그림 속에 옮겨다 보셨다네.

노론 핵심 가문의 대학자가 퇴계가 거처했던 도산서당에 놓인 유품을 보며 직접 뵙는 듯해 저절로 의관을 바르게 한다는 감회를 서술하였다. 명종은 일찍이 벼슬을 사양하며 올라오지 않는 퇴계가 그리워 도산의 풍경을 담은 병풍을 곁에 두고 보았다. 그 사실을 알았던 김창흡이 그 도산에 대해 감히 산수경관을 기술할 수 없다고 한 것이다. 김창흡의 퇴계에 대한 존경심은 두 사람의 공통적인 자연관에서도 진하게 느껴진다. 퇴계의 자연 사랑은 너무나 잘 알려져 있다. 자신을 '천석고황泉石膏肓' '연하지벽烟霞之癖'이라 자처할 정도였다. 자연 속을 거니는 의미를 독서에 비유하기도 했다. 김창흡도 "산천은 나에게 진실로 좋은 벗이며 훌륭한 의사이다"라고 자연을 사랑하는 마음을 표현했다.

노론 경화사족京華士族의 낙론을 대표하는 김창협은 퇴계 사상에 대하여 절충적인 입장을 보였다. 김창협-도암 이재-미호 김원행으로 이어지는 학맥은 김원행의 제자인 담헌 홍대용 단계에서 북학파로 발전해 나갔다.

김창흡의 영향을 받은 진경산수의 대가 겸재 정선은 '경교명승첩'에서 석실서원과 삼주삼각산을 통해 옛 모습을 보여 준다. 또한 미호渼湖는 정선의 그림과 당대 석학들의 일기와 시에 자주 등장한다. 미호라는 글자를 풀어 보면 수면에 잔물결이 이는 현상을 뜻하는 물놀이 미渼 자와 호수를 가리키는 호湖 자가 만나 아름답

미호
석실서원 터에서 바라본 미호의 아름다운 풍경이다. 미호는 아름답고
잔잔한 물결이 이는 호수를 뜻한다.
ⓒ도산서원선비문화수련원

고 잔잔한 물결이 이는 호수를 뜻한다.

남양주시 수석동은 고려시대부터 조선시대까지 경기도 양주에 속해 있었으며, 수석동 나루를 '미호진渼湖津'이라 했다. 미호 김원행은 낙론 성리학자로 유명한데, 미호박물관은 자연사를 주제로 진본 화석과 광물, 암석, 동물 박제 및 곤충 표본 등을 전시하는 기능을 수행하고 있다.

퇴계에서 김육으로 이어진 학맥의 유장함

잘 정비된 남양주 한강공원 삼패지구에서 첫 번째 휴식을 하였다. 봄에는 벚꽃과 개나리 등 봄꽃이 만발하고 여름에는 금계국이 지천으로 피어 사시사철 아름다운 한강 길이다. 인근에는 청풍 김씨 문의공파文毅公派 묘역이 있다. 기묘명현인 문의공 김식金湜(1482~1520)은 중종 때의 문신으로, 조광조와 함께 왕도정치를 실현하기 위한 개혁에 참여하였다.

문의공의 현손인 잠곡 김육金堉(1580~1658)은 퇴계 문인인 지산 조호익曺好益(1545~1609)의 문인으로, 퇴계학의 광범위한 영향력을 보여 주는 좋은 사례이다. 김육은 성균관 진사로서 오현(김굉필·정여창·조광조·이언적·이황)의 문묘 종사를 주장하였다. 당색으로는 서인이었지만 학통으로는 퇴계의 학통이 조호익을 거쳐 계승되었다. 1672년 평안도 강동에 관서의 유생들이 퇴계를 주벽으로 하고, 조호익을 배향한 청계서원을 건립하였고, 뒤에 김육을 종사從祀하였다.

김육은 1594년(선조 27) 조호익에게 배우고, 우계 성혼의 문인이 되어 성리학을 수학하였다. 또한 윤두수와 윤근수, 김장생과 김상헌의 문하에도 출입하였다. 동인이었던 첫 스승 조호익은 퇴계 문인이고, 다른 스승들인 성혼, 윤두수와 윤근수는 비록 당색으로는 서인이었지만 그들 역시 퇴계 문인이었다.

김육은 학문적으로 퇴계·성혼·조호익 등의 성리학적 전통을 후대의 실학으로 넘기는 과도기적 위치로, 서인 성리학과 중상주의 실학과 북학파를 잇는 중간 고리 역할을 수행하였다. 김육은 실학적 성향을 지녀서 공납의 폐단을 줄이는 대동법 시행과 화폐(상평통보) 유통 확산, 금속활자 제조 등의 제도 개혁을 추진하였다.

봄꽃이 만발한 한강변을 따라 걸으며 덕소를 지나 한양 산천이

잠곡 김육의 초상화
대동법 등을 시행한
개혁주의자였던 김육은 조호익에게 배워
퇴계의 학통을 계승하였다.
ⓒ 실학박물관

마지막으로 보여서 자주 뒤돌아본다는 바뎅이八當 협곡에 건설된 팔당댐의 넓은 호수를 지나게 된다. 중앙선 철도역 이름인 덕소, 팔당, 능내, 양수, 신원, 국수역이 떠오른다. 능내역은 중앙선의 교행交行을 위한 시설이 있던 신호장 역이었다. 그런데 능내역은 2008년 중앙선 광역전철의 운행구간이 국수역까지 연장되면서 선로가 다른 곳에 놓여 자연스럽게 폐지되었다. 이 역을 대신하여 3.5킬로미터 떨어진 곳에 운길산역이 신설되었다. 현재 능내 역사는 건물을 리모델링하여 관광객을 위한 쉼터로 사용 중이며, 철로는 전부 자전거도로가 되었다.

1970년대 대성리, 청평, 강촌, 춘천으로 이어지는 경춘가도의 북한강을 따라 유원지와 별장지대가 확산된 후 1990년대 이후에는 남한강을 따라 관광산업의 파고가 몰려왔다. 지방자치제 이후 각 지자체마다 장소 판촉에 몰두하고 있는데 그러한 현상이 여기서도 잘 나타나 있다.

어릴 때는 국수역이란 지명에서 먹는 국수를 떠올렸는데, 사실은 국수菊秀, 즉 '국화가 빼어난 곳'이라는 지명이다. 우리 땅이름을 한자식으로 바꾸고 한자교육은 하지 않으니 도처에 불분명한 의미가 부지기수이다. 반백년 전의 철길을 450년 전 퇴계의 발자취를 따라 걷노라니 오백 년도 수유須臾라는 생각이 든다. 퇴계의 가르침을 현대에 계승하고 재해석하여 현실세계에서 되살릴 방안은 무엇일까?

퇴계의 학맥을 이은 성호와 다산

「이익의《이자수어》, 정약용의《도산사숙록》

한강 남쪽 광주의 순암 안정복과 한강 북쪽 정약용과 권철신·권일
신 형제의 학문과 생애를 반추하며 아름다운 남한강 물소리길을 걷
고 또 걸었다. 근기近畿 지방에서는 퇴계의 학문과 사상이 정구-허
목-이익-안정복-황덕길-허전, 이익-권철신-정약용 등 남인 실학
자에게 연결되어 근기남인 학문의 이론적 기초로서 기능했다.

심재深齋 조긍섭曹兢燮(1873~1933)은 퇴계의 학통을 영남과 근기
의 두 파로 나누면서 "영남의 학은 정밀하고 엄격하여 항상 원리
에의 회귀와 마음의 수양으로 주를 삼았고, 근기의 학은 너르고 깊
어 응용 위주로 시국을 바로잡는 데 중점을 두었다"라고 평가했
다. 영남학파는 지방에 집성촌을 형성하였고, 중소지주로서의 경
제적 근거가 마련되어 있었다. 그래서 굳이 벼슬길에 나서지 않아
도 생활을 이어갈 수 있으므로 정치적·사회적 문제에 대한 관심보
다는 성리학·예학 등 주자와 퇴계의 가르침을 받들어 학문 연구에
몰입할 수 있었다. 반면 근기학파는 원래 벼슬에 대한 의존도가 높
아 한번 몰락하면 생활조차 어려웠기 때문에 자기 자신의 문제와
더불어 정치적·사회적 현실의 개조와 경세치용의 학풍을 추구하
게 된 것이다.

성호학파는 이익에서 비롯하여 18세기 한국사상계에 새로운
방향을 부여하고 실학 성립에 결정적 역할을 했으나, 그 학파 내부
에 진보적 측면과 보수적 측면의 양면성을 포함하고 있었다. 안정
복 계열의 우파는 옛 성현의 말씀을 그대로 따라 성실히 실천하겠

다고 한 데 대해, 좌파는 권철신을 선두로 하여 유교 경전에 대한 새로운 해석, 주자학에 대한 회의와 비판, 서양문화에 대한 급진적 수용 등 성호 학문의 진보적 측면을 발전·확대시켰다.

이와 같은 성호 좌파의 진보적인 사조는 조선 봉건지배체제에 대한 민중저항의 한 반영이었다. 안산의 이익, 광주廣州의 안정복, 양근楊根의 권철신·권일신, 광주 마재의 정약용 등은 남한강 연변을 중심으로 실학사상을 형성해 나갔다.

성호는《퇴계문집》중에서 학문 수양에 긴요한 구절을 초록하여《이자수어李子粹語》를 편찬하였다. 성호는 퇴계를 공자와 맹자에 견주어 특별히 '이자李子'라고 하였다.

우리나라에 퇴계가 있는 것은 중국에 공자가 있는 것과 마찬가지이다. 공자는 온 천하 사람이 똑같이 존경하는 분인데, 우리나라에서는 퇴계를 존경하는 것이 대령大嶺(문경새재) 이북 사람들이 그 이남 사람들보다 못하다. 지금 영남 사람들의 글씨체는 누구라 할 것 없이 퇴계를 본받아서, 종이를 펼쳐 글씨를 쓸 때 오직 그 사람됨을 반영하는 데에 마음을 쓰고 글씨 품격의 높낮이는 생각하지 않는다. 이러한 전통은 지금까지도 변치 않고 있다.

이익, 권철신, 이가환의 영향을 받은 다산은〈도산사숙록陶山私淑錄〉을 지어 퇴계를 사숙하였다. 1795년 병조 참의에서 강등되어 충청도 금정 찰방으로 나간 34세의 다산은 이웃사람에게서《퇴계문집》을 얻어 편지글을 읽은 뒤 벅차오르는 감동을 다음과 같이 토로하였다.

저는 요즘 퇴계 선생의 문집을 얻어 읽으면서 마음을 가라앉히고 실
마리를 찾듯 분석해 봅니다. 그 깊은 의미와 넓은 범위는 진실로 후생
말류後生末流로서는 감히 엿보거나 헤아릴 수 있는 것이 아닌데, 이상
스럽게도 정신이나 기운이 편안해지고 뜻이나 생각이 가라앉아 혈육
과 근맥이 모두 안정됩니다. 안도감이 들면서 예전의 조급하고 거칠
던 기운이 점점 사라지니, 이 한 부의 책이 저 같은 사람의 병증에 꼭
맞는 약이 아닌가 생각됩니다(《여유당전서》,〈이계수에게 답하다答李季受〉).

《이자수어》
성호 이익이 《퇴계문집》 중에서 학문 수양에 긴요한 구절을 뽑아 편찬한 책이다.
성호는 퇴계를 공자와 맹자에 견주어 '이자李子'라고 하였다.
ⓒ한국국학진흥원

그때부터 다산은 매일 새벽에 일어나 세수를 한 뒤 퇴계집의 편지 한 편을 읽는 것으로 하루를 시작했다. 공무를 마친 뒤에는 그 의미를 부연 설명하는 뜻을 한 조목씩 수록하여 《도산사숙록》을 엮었다. 다산은 퇴계의 글을 읽으며 자신을 반성하면서 잘못을 인정하고 겸양의 덕을 보였다. 또한 타인의 학설을 비판할 때는 객관적이고 공정하여야 한다는 다산의 생각은 오늘날에도 시사하는 바가 크다. 다산은 퇴계를 통해 학문하는 자세와 사람을 대하는 문제, 인격을 가다듬는 문제, 후학을 가르치는 방법 등을 터득해 나간 것이다.

퇴계의 글을 읽고

한가함 속에도 일마다 바쁘더니
그런 중에도 가는 세월 멈추게 하지 못해.
반평생 가시밭길 낭패만 만나
이 한 몸 싸움터에서 갈팡질팡하였네.
만 가지 움직임이 한 조용함만 못하고
뭇 향기 따르느니 외로운 꽃다움 지켜야 해.
도산이여! 퇴계의 물이여! 있는 곳이야 알련만
아득히 높은 풍모 사모의 마음만 일어나네.

다산이 퇴계를 얼마나 존숭하였는지를 잘 보여 주는 시이다.

퇴계의 학맥을 이은 성호와 다산

다산 생가와 묘소가 있는 마재를 지났다. 양수리부터는 물소리 길이 지금은 없어진 중앙선 옛 철길을 따라 이어진다. 어두운 터널을 지나면 눈부신 남한강물이 오른쪽에 나타나고, 대여섯 차례 굴을 지나면 몽양 여운형 생가기념관이 있는 신원역이 나온다.

남양주의 한강변 길은 온통 다산 시로 점철되어 있다. 다산의 학문적 연원淵源인 성호 이익–미수 허목–한강 정구–퇴계로 이어지는 학맥과 사상의 흔적을 보완한다면 더욱 좋으리라는 생각을 해 본다. 성호 우파 계승자인 광주의 순암 안정복과 다산이 영향을 받은 성호 좌파 권철신, 권일신과의 관련성도 연결하는 것이 필요하다.

한여울의 현재 모습
이곳은 현재 팔당댐 때문에 수량이 많아지고 수위도 높아졌으나, 댐 건설 이전에는
강폭이 좁아 흐름이 빠른 데다가 암초가 많아 매우 위험한 큰 여울이었다.
ⓒ도산서원선비문화수련원

매화분을 선물한 김취려

남한강에 바짝 다가가 물소리길을 따라 걷다 보니 어느덧 한여울
大灘이 보이는 전망대에 도착했다. 지금의 한여울은 팔당호로 인하
여 호수가 되었지만 팔당댐 전에는 강폭이 좁고 흐름이 빠르고 암
초가 많은 큰 여울이었다. 20세기 초까지도 용산에서 충주까지 가
려면 7일이 걸렸고, 충주에서 용산까지는 4일이 걸렸다. 강을 거
슬러 올라갈 때는 뱃사공들이 배에 밧줄을 걸고 다른 쪽 밧줄을 어
깨에 매 배를 끌어 옮겼다. 내려갈 때도 바람이 없거나 여울이 나
타나면 배를 끌 수밖에 없었다. 그러니 뱃사공마다 어깨에 낙타봉
처럼 솟은 굳은살이 배겼다. 물자 수송은 육로보다 뱃길이 비용이
적게 들기 때문에 100년 전까지도 세곡稅穀과 소금, 새우젓 같은
해산물을 뗏목과 배로 수송하였다.

잠재 김취려는 한양에서부터 이곳 한여울까지 꼬박 나흘 동안
스승을 배행했다. 그는 스승과 마음을 주고받는 제자였다. 스승의
지극한 매화 사랑을 알고 지난해 매화분을 선물했으며, 스승과 이
곳에서 작별한 이듬해에는 서울 집에 두고 온 그 매화분을 도산으
로 보내 드렸다. 분매를 받고 기뻐하던 바로 그해 12월 퇴계가 세
상을 떠났다. 김취려는 장례를 감독하는 일을 맡아 끝까지 스승과
함께하였다. 상복을 입고 한 달여를 무덤 곁에서 지내는 제자 김취
려에게 퇴계는 어떤 위로를 건넸을까.

❖ 이한방

퇴계의 학맥을 이은 성호와 다산

미음나루 — 한여울

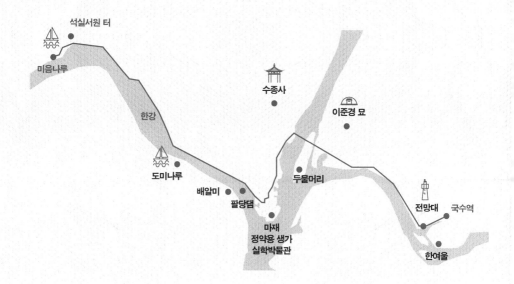

남양주시 미음나루에서 양평군 양서면 한여울까지의 구간이다. 남양주시 조안면 능내역부터 국수역까지는 자전거길을 이용한다. 퇴계가 김취려와 이별하였던 한여울은 양서면 도곡터널을 지나면 바로 나오는 한여울전망대에서 조망할 수 있다. 전 구간이 자전거길을 이용하므로 매우 평탄하지만, 이따금 만나는 자전거의 질주에 유의해야 한다. 만약 한강변을 따라 한여울로 가고자 하면, 양평 만남의광장 직전에 남한강변으로 방향을 잡아 대심리를 통과하면 된다.

사상을 초월한
퇴계의
폭넓은 우정

한여울에서 배개나루까지

이 길을 걸으면서 동학들과 퇴계 사상과 당시의 선비들에 대하여 격의 없는 방담을 나누었다. 450년 전의 이 길은 잘 다듬어진 한강이 아니라 원초적 자연의 숨결을 더듬어 볼 수 있는 공간이었으리라. 우리는 기천서원을 나서면서 퇴계와 모재 김안국, 그리고 치재 홍인우 사이에 오간 나이를 넘어선 넉넉한 우정을 확인할 수 있었다.

┏한여울에서 제자 김취려와 이별하다

1569년 음력 3월 8일, 퇴계는 한여울에서 배개나루로 향하였다. 출발하기에 앞서 서울에서 이곳까지 배행해 온 김취려金就礪와도 마침내 작별을 하게 되었다. 살아생전 마지막일 수도 있는 이 이별에 스승과 제자는 만감이 교차하였으리라. 퇴계는 이때의 서운한 심정을 시에 담아 "천리 길을 전송하다가 마침내 이별하는구나"라고 하였다.

김취려는 원래 안산 사람이었으나 장성해서는 서울에서 살았다. 그는 스승을 찾아 서울에서 예안까지 책 보따리를 지고 오르내리는 이른바 천리부급千里負笈을 게을리 하지 않았던 인물이다. 김취려는 당시 서울에서만 구할 수 있는 귀중한 책들을 모아 스승에게 전달하였다. 서책 목록을 보면 지방에서는 쉽게 구할 수 없는 철학서들이 눈에 띈다. 《성리군서性理群書》, 《성리대전性理大全》, 《가례家禮》, 《계몽啓蒙》, 《율려신서보주律呂新書補註》, 《성리제가해性理諸家解》, 《율려신서해律呂新書解》, 《추강냉화秋江冷話》, 《역석의易釋義》 등 묵직한 내용의 책들이다.

　퇴계는 도성에 사는 김취려에게 자주 애정 어린 가르침을 내렸다. 퇴계는 제자에게 "공이 도성에 있으면서 사람들의 입에 많이 오르내림을 알았으니 사뭇 염려가 됩니다"라고 하면서 은근히 궁벽한 곳에서 수양할 것을 권유하기도 하였다. 또한 퇴계는 너무 원론적인 것만을 고집하는 그의 완고한 학문 태도에 대해서도 지적하였다. 한 예로, 예학에 있어 고대 중국에서 시행하던 고례古禮만

한여울 나루터
퇴계는 한여울 나루터에서 나흘 동안 스승을 따라왔던 제자 김취려와 작별하였다.
ⓒ도산서원선비문화수련원

사상을 초월한 퇴계의 폭넓은 우정

을 고집하고, 조선의 시속과 풍속을 고려한 속례(俗禮)를 등한시하는 것에 대해 따끔하게 충고하기도 하였다. 퇴계는 옛것을 감안하되 현실을 더 중시하는 예속을 실천하였다.

퇴계 만년에 이르러 제자 역시 학문적으로 크게 성숙한 인물로 성장하였다. 퇴계가 도산에 은거한 이후 사제 간에 오간 수많은 서간은 그가 퇴계의 만년정론을 형성하는 데 좋은 도반이 되었음을 보여 준다. 그는 퇴계의 심학(心學)에 대해 깊은 식견을 갖고 있었으며, 《성학십도》를 완성하는 데 상당한 조력을 하였다. 퇴계는 그가 마음을 집중하는 경(敬) 공부와 넓게 세상의 이(理)를 살피는 공부가 서로 방해되어 마음과 일이 어그러지는 폐단이 있다고 토로하자, 두 공부를 더욱 밀고 나가 익숙하게 될 수 있도록 독려해 주었다. 퇴계는 그에게 다음과 같은 시를 남겨 공부를 독려하였다.

이미 지난 세월이 나는 안타깝지만
그대는 이제부터 공부하면 되니 무엇이 슬픈가.
조금씩 흙을 쌓아 산을 이룰 그날까지
머뭇거리지도 말고 너무 서두르지도 마오.

이제부터 공부하면 되는데 무엇을 슬퍼하냐는 선생의 가르침이 학인들의 가슴을 친다. 머뭇거리지도 않고, 서두르지도 않으면서 오늘의 여정을 떠난다.

「남한강의 봄 풍정을 가슴에 안고

우리는 2019년 4월 12일(음력 3월 8일) 출발 장소를 국수역으로 정했다. 국수산 아래에 있는 이 마을은 남한강이 감싸 안은 안온한 동네이다. 중앙선을 자주 이용하던 사람들에게 서울이 멀지 않음을 알려 주던 정겨운 역사驛舍 중의 하나이다. 이제 이곳을 떠나 남한강을 옆에 끼고 양평 땅을 순례할 시간이다.

아침 8시, 잘 닦인 자전거 도로를 따라 발걸음을 옮긴다. 이 길은 양평군에서 '물소리길'이라는 근사한 이름을 붙여 주었다. 길가에는 봄꽃이 흐드러지게 피었다. 노란 개나리가 군락을 이루고, 터널 주변으로 참꽃이 만발하였다. 이 길은 옛적에 중앙선 기차가 다니던 철로를 자전거 도로로 만든 것이다.

국수역에서 20여 분을 걸으니 원복터널이 나온다. 터널 초입에 '안전하고 즐거운 여행이 되십시오'라는 네온 문구가 선명하게 빛을 뿜는다. 터널 바깥의 날씨는 눈이 시리게 화창하고 청명하다. 모두 따뜻한 봄빛 속에 몸을 맡기고 묵묵히 걷는다. 문득 퇴계의 시 〈조춘早春〉이 떠오른다.

> 납일 술에 나는 봄빛 눈에 비쳐 새로울 제
> 따슨 기운 완연하니 몸과 맘이 즐거워라.
> 개인 처마 새가 우니 손님을 부르는 듯
> 시냇가 눈에 찬 매화 숨은 도인 그 아니냐.

다음 터널이 있는 복토철교를 지나면 양평 땅이 왜 산자수명山
紫水明의 고을인지 바로 느낄 수 있다. 가까이에서는 흐드러진 벚
꽃이 무리지어 날리고, 저 멀리로 용문산 지맥인 백운봉이 푸른 자
태를 뽐내고 있다. 국수역 출발 후 40여 분이 지나니 기곡 아트터
널이 나타난다. 터널을 벗어나면 예술기행의 명소로 자리 잡은 옛
아신역사의 아신갤러리를 만난다. 새마을호 두 칸을 개조하여 예
술 문화공간으로 꾸몄다. 이어지는 등나무꽃 터널이 과객의 땀을
식혀 준다.

이 구역을 지나 10시 무렵 옛 중앙선 철교를 뒤로하고 본격적
으로 한강 물소리길로 접어든다. 이어 덕구실 육교를 건너 남한강
가로 바짝 다가선다. 이 오빈리 덕구실 마을은 조선 후기의 실학자

감호암
감호 가에 우거진 나무 사이로 권철신 형제가 살았다는 옛 터가 남아 있다.
바위에 감호암鑑湖岩이라는 글자가 새겨져 있다.
ⓒ다산연구소

권철신權哲身·권일신權日身 형제의 집터라고 전하는 감호鑑湖가 자리한 곳이다. 권일신은 이른바 성호 좌파로서 초기 가톨릭의 주춧돌 역할을 한 인물이다. 지금도 감호 터에는 우거진 잡목 사이로 옛 집터의 흔적이 역력하게 남아 있다. 강안江岸에 바짝 붙어 있는 이 옛 터가 과연 권철신 형제의 본가 자리인지, 아니면 별서別墅인지의 여부는 좀 더 세밀한 고증이 필요하다.

여기에서 사탄천 교각을 지나, 오밀조밀 잘 정리된 들꽃수목원을 거쳐 이내 천주교 양근성지楊根聖地에 다다른다. 깔끔하게 다듬어진 경내에는 적요한 침묵이 흘러 초기 가톨릭 교도들의 고통을 묵상하게 한다. 천주교 교단에서는 이 자리를 권철신 형제들의 생가라고 비정하고 있는데, 2킬로미터 떨어진 감호와의 관련성을 좀 더 구명해야 한다.

두 형제는 성호 이익 문하의 인물들이니 계보상으로는 명백히 퇴계학의 자장磁場 안에 있다. 이들은 이벽, 정약전·정약용 형제, 이존창 등과 함께 천진암 강학회를 주도하면서 서학西學을 조선 땅에 뿌리내린 장본인이다. 특히 권일신은 서학에 대한 이론적 비판을 선도하였던 순암 안정복의 사위이니 당시 남인 내부의 사상적 갈등을 미루어 짐작할 수 있다. 그러니 이 자리는 조선의 지성사에서 매우 중요한 자리임에 틀림없다. 초기 천주교인들이 숭상한 상제上帝와 퇴계가 마주한 유학 속의 상제는 어디에서부터 어떻게 갈래지어졌을까?

몇 시간을 걷다 보니 오히려 발걸음이 가벼워짐을 느낀다. 일행을 돌아보니 모두들 편안한 얼굴로 대화를 나누며 걷고 있다. 남한강을 오른쪽에 두고 1시간여를 지나, 정오가 될 무렵 칡미나루를 통과하였다. 이제는 대교가 생겨 사라졌지만 여기 칡미나루, 혹은 양근나루는 《신증동국여지승람》이나 〈대동여지도〉에도 실려 있는 양평의 명소였다. 이 주위의 풍광은 양평팔경 중 하나인 갈산승경葛山勝景으로 불린다. 우리가 지나가는 청명한 봄날, 갈산공원에서는 벚꽃이 눈처럼 휘날리고 있었다.

12시 40분, 공원 인근의 맛집인 막국숫집에서 점심을 먹었다. 평소보다 뭐든지 맛있다. 다시 벚꽃 터널 길을 통과한다. 오른쪽으로 밝게 빛나는 남한강을 끼고, 저 멀리 양평의 푸른 영봉들을 마

화려한 벚꽃길
봄날에는 밝게 빛나는
남한강을 끼고 벚꽃길이
길게 이어진다.
©도산서원선비문화수련원

주하며 벚꽃길이 길게 이어진다. 퇴계가 지나던 남한강의 물살이나 풍경은 지금과는 사뭇 달랐을 것이다. 지금은 곳곳에 댐을 축조하여 강이 호수처럼 잔잔하다. 퇴계가 여정 중에 비와 바람으로 고생했다고 토로한 것으로 보면 당시에는 제법 거친 풍랑도 일었을 것이다.

이런저런 상념에 잠기며 벚꽃길을 계속 지나 양평군 개군면 고갯길을 넘어 앙덕리 마을회관에서 잠시 휴식을 취하였다. 울긋불긋 저마다의 정원을 내보이는 집들이 정겹게 느껴진다. 양평이 서울 근교 전원주택지로 각광을 받으며 이곳은 점점 더 별장촌의 모습을 갖추어 가고 있다.

앙덕리 지석묘를 지나 산수유길 찬연한 꽃길을 따라 구미리고개를 오른다. 이 고개는 사이클링을 하는 동호인 사이에서 악명이 높아 허벅지가 터질 것 같은 고통을 준다는 지점이다. 이 고개의 중간쯤에 허름하나 정겨운 간이휴게소가 있다. 넉넉한 인심을 베푸는 후덕한 주인이 나그네들을 챙기는 곳이다. 주위에는 온통 노란 산수유와 개나리가 길가를 아름답게 수놓았다. 고갯길을 넘어서면 흰색, 자백색 목련이 길을 비추고, 산길 여기저기에 이름 모를 봄꽃들이 화사하다.

아, 저 멀리 한강 이포보의 모습이 보이기 시작한다. 곧 이어 양평 한강변 하구로부터 100킬로미터 지점이라는 표지석을 만난다. 한강을 옆에 끼고 시원하게 뻗어 있는 자전거 도로를 따라 1시간 넘게 걸어 이포보에 도달했다. 국수역에서 약 23킬로미터, 약 3만 7천 걸음을 옮겨 드디어 이포, 즉 배개나루에 도착한 것이다.

사상을 초월한 퇴계의 폭넓은 우정

퇴계와 모재, 두 명현의 만남

이제 언덕 기슭에 자리 잡은 기천서원沂川書院으로 발걸음을 옮겨 이 지역과 퇴계와의 인연을 더듬어 볼 차례다. 온종일 걷느라 몸은 피곤하나 마음은 벌써 그곳에 가 있다. 기천沂川은 공자의 제자 증점曾點이 기수沂水에서 목욕하겠다는 고사에서 옮겨 온 말로서 여강驪江 가 선비들의 마음자리를 드러내는 명칭이다. 그러니 기천서원은 이곳 선비들의 마음의 고향이다. 기천서원은 퇴계와 깊은 인연이 있던 모재慕齋 김안국金安國(1478~1543)을 향사한 서원이다.

퇴계는 열일곱 살 때 안동향교에서 김안국을 처음 만나 강의를 들었고, 서른세 살 가을에 이호梨湖 가에서 다시 만났다. 모재는 기묘사화에 연루된 이후 벼슬에서 물러나 이호촌梨湖村에 거주하였다. 모재가 처음 살던 이호는 여주군 금사면 장흥리 상두산 아래 지역으로, 그는 이곳에 은일정恩逸亭이라는 정자를 짓고 우거하였다.

그는 잠시 서울 생활을 도모하다가 뜻을 접고 1527년 이후 이호나루에 다시 자리를 잡게 된다. 그의 새로운 집터는 옛 천령川寧 관아가 있던 남한강변으로, 오늘날 여주군 금사면 이포 인근인데 기천서원과 멀지 않은 곳이다. 당시에는 이곳도 이호라고 하였다. 모재는 이곳에다 범사정泛槎亭이라는 정자를 짓고 당대의 명사인 이장곤李長坤, 신광한申光漢 등과 교유했다. 윤근수尹根壽가 쓴《월정만록月汀漫錄》에 따르면, 퇴계가 귀향길에 들른 곳이 바로 이 범사정이었다. 당시로서도 사림파 두 사람의 만남은 매우 뜻깊고 상징적인 일이었다.

모재는 당시 사림파가 거취를 주목하는 인물이었다. 연산 조에 있었던 혹독한 사화를 거친 후, 중종 대에 이르면 사림세력의 성장과 더불어 민에 대한 교화의 방식과 수단이 더욱 다양해지고 적극적인 모습으로 변모된다. 이때 향촌 교화의 가장 대표적인 인물로 김안국이 등장했다. 김안국은 경상도 관찰사로 재직하면서 《여씨향약呂氏鄕約》, 《정속正俗》, 《이륜행실도》, 《삼강행실도》 등을 출판하고 《소학》을 강론하여 평민층에 대한 교화의 한 전범을 제시하였다.

퇴계와 모재의 첫 만남은 모재가 경상도 관찰사로 부임하면서 계기를 얻게 되었다. 모재는 행실이 의롭고 재능과 학식을 갖춘 경상도의 선비 노필盧瑋, 김옹金顒 등 30여 명을 조정에 천거하였는데, 이 가운데 많은 사람이 김종직과 김굉필의 문하생이었으므로 온 사림이 들썩였다. 이때부터 그는 경상도 지역의 사림세력과 밀접한 관계를 형성하기 시작하였다. 특히 그는 퇴계의 부친인 찬성공贊成公 이식李埴은 물론이고 숙부인 송재松齋 이우李堣와도 마음을 나누는 사이였다. 퇴계가 17세 때, 모재는 온계溫溪 이해李瀣와 퇴계 두 형제를 만났다. 그 자리에서 모재는 찬성공을 회상하면서 "아무개는 죽지 않았다"라고 옛 벗에 대한 그리움과 총명한 두 후학의 등장을 기뻐하였다.

그 뒤로 16년의 세월이 흐른 후 퇴계는 서른셋의 청년이 되어 이호에서 모재를 만난 것이다. 퇴계가 성균관에서 수학하던 시기였다. 학봉 김성일은 두 사람의 만남을 이렇게 기술하고 있다.

퇴계는 33세 때 성균관에 있었는데, 그 당시 사람들이 안자顔子라고 칭하였다. 가을에 충정공 권벌權橃과 동행하여 여주에 도착하였다가 모재 김안국을 만나 비로소 정인군자正人君子의 말씀을 들었다.

이호에서의 아름다운 만남을 가진 후 퇴계는 모재에 대해 '정인군자'라는 최상의 평가를 한다. 뒷날 향산 이만도는 이 만남에 또 한 명의 인물이 동행하였음을 알려 준다. 바로 월연月淵 이태李迨로, 김안국과 깊이 종유한 인물이다.

기천서원
언덕 기슭에 자리 잡은 기천서원은 퇴계와 깊은 인연이 있는
모재 김안국을 향사한 서원이다.
ⓒ도산서원선비문화수련원

옛날 나의 선조이신 문순공(퇴계)이 권 충정공(권벌)과 함께 모재 김 선생을 찾아뵌 일이 있다. 공의 선조인 월연공月淵公도 그 자리에 실 제로 참석하여 정인군자의 논의를 함께 들었으니, 백세토록 이어져 온 도의의 인연을 내 어찌 감히 잊겠는가.

이때 자리를 함께한 모재는 물론이고, 권벌도 기묘사화에 연루 되어 파직되었던 인물이다. 이태 역시 기묘년에 벼슬을 버리고 낙 향했다. 모두 기묘당인으로서 당시 퇴계의 입지를 알 수 있는 대목 이다.

퇴계는 학문적으로도 정지운鄭之雲을 통해 모재와 긴밀히 연결 되어 있다. 퇴계철학의 가장 중요한 자리를 차지하는 천명도설天命 圖說은 모재의 제자인 정지운을 통하여 퇴계학의 중심으로 스며들 게 되었다. 또한 모재가 무인년(1518)에 사은사 부사가 되어 북경北 京에 가서 사온《주자대전朱子大全》,《주자어류朱子語類》,《논어혹문 論語或問》,《맹자혹문孟子或問》,《연평답문延平答問》,《이정전도수언二 程傳道粹言》, 구준丘濬의《가례의절家禮儀節》및《고금표선古今表選》등 은 퇴계를 포함한 후학들의 학문 발전에 지대한 공헌을 하였다.

「나이를 뛰어넘은 넉넉한 우정

이포보에서 다리를 건너면 바로 천서리이다. 오래 전 천서리에는 노파가 지키던 조그만 주막이 휑뎅그렁하니 자리했으나 지금은 천서리 하면 바로 막국수를 떠올릴 정도로 음식점이 빼곡하게 들어서 제법 관광지의 면모를 갖추고 있다. 온통 땅콩밭이었던 강변 모래톱에는 무심한 강물이 출렁거린다.

예로부터 이호 주위에는 수많은 명현과 명가의 이야기가 녹아 있다. 퇴계는 물론이고, 상촌 신흠, 미수 허목, 성호 이익, 순암 안정복의 시에도 이 지역 문인들의 행적이 녹아 있다. 특히 인근 석실서원의 주인인 미호渼湖 김원행金元行의 〈이호에서 이생 공보 원恩을 만나 함께 배를 타고 가며〉라는 시에는 기천서원에 깃든 절의節義 정신을 되새기는 의미심장한 시구가 남아 있다.

가을날 이포에서 우연히 서로 만나
서풍 속에 둘이 함께 목란배에 올랐다오.
닻줄 앞 하얀 물결 먼 골에서 흘러오고
돛대 밖 푸른 봉우리 몇 고을에 솟았구나.
모로의 유적엔 구름 낀 해 지려 하고
장사의 고묘엔 나무만 뎅그러니
눈앞의 풍광이 지금 이와 같으니
물안개 속 종일 유람 싫어하지 마시게.

이 시에서 모로慕老란 모재 김안국을 가리킨다. 앞서 말했듯이, 모재는 기묘사화 이후로 이곳 이호촌에 거주하였다. 뒤이어 나오는 장사長沙의 고묘古廟란 한나라 가의賈誼가 유배되었던 장사의 가의묘賈誼廟를 일컫는 것으로, 지금도 남아 있다. 전한前漢의 인물인

가의는 출중한 재능으로 최연소 박사가 되어 전한의 율령과 관제를 획기적으로 정비하나 당시 고관들의 시기로 장사왕長沙王의 태부太傅로 좌천되었다가 33세에 요절한 인물이다. 김원행은 이 사실을 인용해 기묘사화로 유배객 신세가 된 김안국과 그를 모시는 기천서원을 기린 것이다. 기천서원에는 주벽主壁인 김안국 외에 절의로 유배된 인물이 다수 배향되어 있다.

기천서원은 1580년(선조 13) 지방 유림이 김안국을 추모하기 위해 창건하였다. 임진왜란 때 소실되었다가 복원되었으며, 1611년 이언적과 홍인우를 추가 배향하였다. 1625년(인조 3)에 기천沂川이라고 사액되어 사액서원으로 승격되었다. 1661년(현종 2)에는 정

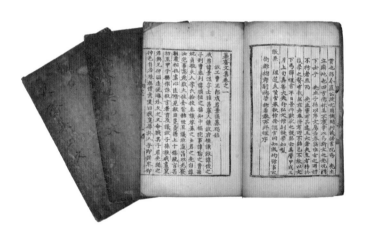

김안국의 《모재집》
이호 주위에는 이황, 김안국, 신흠, 허목, 안정복 등 수많은
명현과 명가의 이야기가 녹아 있다.
ⓒ한국국학진흥원

사상을 초월한 퇴계의 폭넓은 우정

엽·이원익·홍명구, 1708년(숙종 34)에는 이식, 그 뒤에는 홍명하가 추가 배향되었다.

이곳에 배향된 인물 중에는 당화黨禍로 유배된 인물이 여럿 있다. 이언적은 김안국과 깊은 학문적 교류를 한 인물로, 양재역 벽서사건으로 강계부江界府에 안치되었다가 타계한 후 1611년에 기천서원에 배향되었다. 정엽은 정인홍이 득세한 기간 중에 기자헌과의 불화로 동래에 유배되었던 인물이다. 이원익은 광해군 당시 극언을 해 홍주洪州로 귀양을 갔다가 풀려난 뒤 여강驪江에 우거하였던 인물이다. 홍명구는 병자호란이 일어나자 근왕병 2,000명을 거느리고 김화金化에서 결사항전하다가 순국한 인물이다. 택당 이식은 1642년 김상헌과 함께 청나라를 배척할 것을 주장해 중국의 심양으로 잡혀갔다 뒤에 환국한 인물이다. 이와 같이 기천서원은 절의의 인물들을 모시며 이호 지역의 정신적 구심처 역할을 하였다. 홍명하는 명문 벌족인 남양 홍씨로서 성리학에 조예가 깊었고, 현종 대에 영의정까지 오른 인물이다. 그러나 젊은 시절에는 늦은 대과 급제로 인하여 동서 김좌명과 처남 신면으로부터 온갖 수모와 멸시를 당했던 사실이 사랑방 야사로 전한다.

배향된 인물 중 퇴계와 가장 가까운 인물은 치재恥齋 홍인우洪仁祐(1515~1554)이다. 1552년 서른여덟 살의 치재는 14년 연상인 퇴계를 자주 찾아왔다. 홍인우와의 만남에 대해 퇴계는 "홍공은 돈독히 믿고 힘써 실행하는 선비인데 나를 찾아올 때마다 의리를 강론하다 날이 저물어서야 돌아가곤 했다"라고 썼다. 퇴계는 제자로 자처하는 그를 유익한 친구로 여겨 마음을 열었지만 기氣를 이理로 아는 결점이 있다고 지적하여 학문적으로는 거리가 있음을 밝혔다. 이러한 점은 퇴계가 화담 서경덕을 비판할 때 우려하던 바이다. 화담의 학문은 이 세상의 일을 뜬구름같이 여기고 인문적 질서를 어긴다는 것이 비판의 요지이다. 택당 이식도 홍인우가 서화담의 제자라는 사실을 증언하였다.

퇴계의 제자이자 홍인우의 매부인 남언경은 퇴계와 이기론을 놓고 치열한 논쟁을 전개한 인물이다. 그는 명종 8년에 왕양명의 저서인 《전습록》을 읽고 처남인 홍인우와 이 책에 관해 논한 바 있다. 퇴계는 홍인우에게 양명학의 이단성을 경계해야 한다고 하였으나 결코 인간적으로 배척하지는 않았다. 홍인우에게는 확실히 주기론자들이 지닌 특유의 무위적 경향이 있었던 것으로 보인다. 또한 양명학에 깊은 식견을 지닌 노수신과도 교유가 있었다.

퇴계는 사상적 결을 달리하는 인물일지라도 학문적인 깨우침이 있다면 종유를 마다하지 않는 인간적인 개방성을 지니고 있었음을 홍인우와의 교유를 통해 보여 주었다. 후일 홍인우의 아들 홍진洪進이 도산을 방문하자 "훌륭하군. 내 친구는 죽지 않았어"라고 크게 기뻐하였던 일에서도 학설의 동이同異를 넘어서는 두 사람의 우정을 엿볼 수 있다.

도의道義의 사귐은 천년의 세월을 이어가는가? 오늘 우리는 그 흔적을 천원 권 지폐 뒷면에 그려진 〈계상정거도溪上靜居圖〉에서 찾아 볼 수 있다. 잘 알려진 대로 이 그림은 진경산수화의 대가인 겸재 정선鄭歚(1676~1759)이 그렸다. 이 그림은 계상溪上에서 퇴계가 《주자서절요》를 집필하는 모습을 상상해서 그린 것이다. 겸재가 이 그림을 그린 이유는 퇴계의 친필인《주자서절요》서문과 목차를 겸재 집안에서 입수한 것을 기념하고자 함이었다.

이《주자서절요》가 겸재 집안으로 넘어가기까지는 몇 번의 곡절이 있었다. 치재의 아들 홍진이 도산을 방문한 것을 계기로 퇴계의 손자인 동갑내기 몽재 이안도李安道와 친밀한 우정을 나누게 되었으며, 이내 두 가문의 혼인으로 발전하였다. 이안도의 외손이 된 홍유형洪有炯은 외조모 안동 권씨로부터 이 책을 물려받게 되고, 다시 이 책은 그의 사위 박자진朴自振으로 이어진다. 박자진은 이 퇴계의 친필을 우암 송시열에게 보이고 발문을 받아 내어 그 의미

《계상정거도》
겸재 정선이 퇴계가 안동의 계상에서
《주자서절요》를 집필하는 모습을 상상해서 그렸다.

를 더하였으며, 마지막으로 외손자 겸재 가문으로 전달되었다. 한 편의 뛰어난 글이 그 가치를 알아보는 형안에 의해 역사 속에서 흐르고 흘러 오늘 우리 앞에 친근한 그림으로 나타난 것이다.

이렇게 퇴계를 회억하며 역사를 되짚으며 봄빛 흐드러진 양평 땅을 답파하는 것은 정녕 즐거운 일이다. 이 길을 걸으면서 동학들과 퇴계 사상과 당시의 선비들에 대하여 격의 없는 방담을 나누었다. 450년 전의 이 길은 잘 다듬어진 한강이 아니라 원초적 자연의 숨결을 더듬어 볼 수 있는 공간이었으리라. 우리는 기천서원을 나서면서 퇴계와 모재 김안국, 그리고 치재 홍인우 사이에 오간 나이를 넘어선 넉넉한 우정을 확인할 수 있었다.

❖정순우

사상을 초월한 퇴계의 폭넓은 우정

한여울 — 배개나루

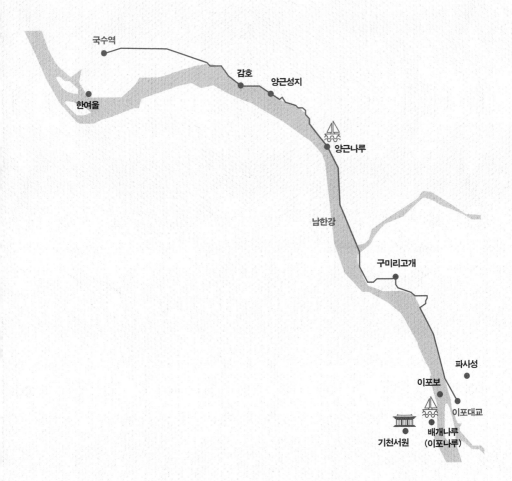

국수역에서 양평읍 오빈리 덕구실 마을까지는 자전거길을 이용하므로 한강변에서
조금 벗어난다. 덕구실 마을 앞의 육교를 건너 물소리길로 나가면, 이후 종착지인
배개나루까지 남한강변을 따라 걷는다. 개군면의 구미리고개를 제외하면 모두 평
탄하고 편안한 길이다.

풀려나간
마음을 찾아서

배개나루에서 흔바위나루까지

큰 변화 없는 풍경 속 먼 길을 힘들게 걸어야 하는 몸의 괴로움은 평소 늘 밖으로만 치닫던 시선과 마음을 안으로 향하게 하는 계기가 된다. 그래서 그 힘들고 긴 여정이 오롯이 자신을 대하고 자신을 돌아보는 시간이 될 수 있다. 퇴계가 평생에 걸쳐 추구했던 성인되는 공부로서의 도학道學은 외물에 유혹되어 밖으로 치달아 나가는 마음을 안으로 거두어들이는 것에서 출발한다.

「퇴계는 배를 타고, 우리는 걸어서

퇴계는 1569년 음력 3월 9일, 우리는 2019년 4월 13일, 역시 음력으로는 3월 9일 배개나루에서 하루를 연다. 퇴계는 배개나루에서 배를 타고 출발했지만 우리의 여정은 이포대교 천서리 쪽 교각 아래 주차장에서 시작되었다. 이곳에서 여주를 관통하는 남한강 물길을 거슬러 흔바위나루를 지나 강천섬까지 총 31킬로미터를 뱃길 좌우의 육로를 따라 걸을 예정이다. 퇴계가 배에서 내린 흔바위나루까지 갔다가 이후부터는 저녁밥과 휴식이 있는 강천섬의 숙소를 찾아가는 길이다.

　전체 여정 중 가장 긴 구간으로, 길은 여주시 도심 일부 구간을 제외하고는 주로 강변의 제방으로 이루어져 있고, 그 가운데 대부분이 4대강 사업으로 조성된 자전거길이다. 가는 길 내내 자전거길 바닥에는 향하는 방향으로 여주 탄금대까지의 남은 거리가 줄어들어가며 나타나고, 안내 표지판에는 지나온 방향으로 남한강이 바다를 만나는 한강 하구까지의 거리가 멀어지며 표시되는 것을 볼 수 있다.

배개나루는 남한강을 사이에 두고 금사면 이포리와 대신면 천서리를 오가는 여주의 대표적인 나루였다. 1991년 이포대교가 건립되기 전까지 이포 지역에서 이천과 서울 쪽으로 사람과 물자를 나르는 교통의 요충이었다. 이포梨浦는 '배개'를 한자로 표기한 것이다. 배개나루가 있던 천서리는 수도권에 사는 사람들에게는 막국수 마을로 널리 알려져 있는 만큼 막국수 전문 식당들이 즐비하게 늘어서 있다.

천서리 마을 뒤편에 해발 230미터의 높지 않은 파사산이 있는데, 산 위에는 삼국시대에 신라가 축조하고 조선시대에 다시 쌓았다는 파사산성이 있다. 20여 분을 트래킹하는 기분으로 걸어 올라가면 산성을 만나게 된다. 당초 규모는 전체 길이 1,800미터의 석성으로 군데군데 허물어진 옛 성의 잔해와 새로 정비한 성곽이 어우러져 있다.

배개나루에서 퇴계 귀향길 여정을 출발할 경우 하루 전날 또는 당일 아침 일찍 파사산성에 올라보면 좋다. 고개를 들어 멀리 바라보면 이포보와 이포대교가 가로지르고 있는 남한강 줄기가 여주 방면에서 양평 쪽으로 길게 이어져 있고, 가까이 내려다보면 천서리 등 산과 들에 드문드문 자리 잡은 마을들이 한눈에 들어온다.

우리 일행은 8시경 발걸음을 떼기 시작했는데, 4월 초순의 깊어가는 봄기운이 신록을 띠어가는 강 언덕과 그 너머 산에서 느껴지는 기분 좋은 출발이다. 어제의 걷기와 기천서원에서의 행사로 밤이 늦어서야 잠자리에 들었지만 다들 가뿐하다.

　제자인 김취려에게 보낸 기록에 따르면, 퇴계는 배개나루를 지날 때 일기가 불순하고 비바람이 거세 습기로 인한 부종으로 고생했고, 충주에 이르러 배에서 내려 땅으로 올라간 이후 비로소 그러한 어려움에서 벗어날 수 있었다. 퇴계가 이 구간을 지날 때 비바람으로 고생했던 것에 비하면 우리는 상쾌하기 그지없는 출발을 한다.

▌풀려나간 마음을 찾는 길

강천섬까지의 여정은 여주 시내의 도심과 근교 즈음에서 간간이 인도와 차도가 끼어들지만 주로 남한강변을 따라 둔치에 조성한 자전거길과 제방길이 하염없이 이어지는 구간이다. 전체 구간 중 가장 긴 거리를 근 10시간 내내 반복되는 풍경을 따라 걷는 단조롭고도 지루하다 할 수 있는 구간이다.

　잃는 것이 있으면 얻는 것도 있는 법이다. 큰 변화 없는 풍경 속 먼 길을 힘들게 걸어야 하는 몸의 괴로움은 평소 늘 밖으로만 치달던 시선과 마음을 안으로 향하게 하는 계기가 된다. 그래서 그 힘들고 긴 여정이 오롯이 자신을 대하고 자신을 돌아보는 시간이 될 수 있다. 퇴계가 평생에 걸쳐 추구했던 성인되는 공부로서의 도학 道學은 외물에 유혹되어 밖으로 치달아 나가는 마음을 안으로 거두어들이는 것에서 출발한다. 맹자가 말한 '풀려나간 마음을 찾는 것求放心' 또는 '마음을 간직하는 것存心'을 강조한 것이 그것이다.

퇴계가 '마음을 지니는 것持心'의 어려움을 들어 수양의 필요성을 강조한 것도 그 때문이다. 그는 제자인 학봉 김성일에게 "사람에게는 마음을 지니는 것이 가장 어렵다. 내가 시험해 본 바에 의하면 한 걸음 걷는 사이에 마음을 그 한 걸음에 두는 것도 어려웠다"라고 토로한 적이 있다. 그래서 퇴계는 수양공부의 중심에 마음을 간직하는 방법으로 경敬을 두었다. 서울의 광화문에서 안동의 도산서원까지 퇴계의 귀향길을 따라가는 전체 여정이 선생의 삶과 뜻을 되새기고 그를 통해 나 자신을 살피는 성찰의 길이라면, 그에 가장 적합한 구간이 어쩌면 배개나루에서 흔바위나루를 지나 강천섬에 이르는 이 구간이 아닐까 하는 생각을 해 본다.

강변을 걷는 일행
배개나루에서 흔바위나루를 지나 강천섬에 이르는 이 구간은
나 자신을 살피는 성찰의 길이다.
ⓒ도산서원선비문화수련원

플려나간 마음을 찾아서

출발하고 자전거길을 따라 걸어온 지 40분 정도 지나 아직 땀도 나지 않을 즈음 이포웰빙캠핑장에 이른다. 본격적인 캠핑 시즌에 접어들고 있지만 아직은 한산하다. 캠핑장에 이르는 길 좌우에 이팝나무가 가로수로 서 있어 하얀 이팝꽃이 만개한 오월을 기대하게 한다.

캠핑장을 지나 내처 걷다 보면 '여주강변저류지'라는 글씨를 안고 선 높이 3미터 족히 되는 표지석을 만난다. 여주군 대신면 양촌리에 설치된 저류지는 약 290만 제곱미터의 면적에 2,500만 톤의 물을 저장할 수 있는 시설로, 홍수시 강 주변의 농지와 시설물을 수해로부터 보호하는 기능을 한다. 평시에는 시민들의 휴식공간이자 수로와 습지 등에 식물과 어류, 조류, 양서류 등 다양한 생물들이 살고 있는 생태공원의 역할을 한다. 표지석 앞의 길바닥에는 진행 방향을 나타내는 화살표와 함께 '탄금대 87.6km'라는 안내 문구가 붉은 바탕에 흰 글씨로 선명하다.

계속 걸어가면 남한강을 건너 저류지에 걸쳐서 남한강대교가 광주원주고속도로의 일단을 이루며 놓여 있다. 대교 아래 교각 사이를 통과하면 4대강 사업을 하면서 준설한 모래들이 작은 산봉우리마냥 겹쳐 있는 야적장을 만나고, 여기서 길이 갈라진다. 안내표지판은 왼쪽으로 붉은 바닥색의 자전거길을 따라가면 1.5킬로미터 지점에서 양촌리에 이르고, 직진 방향의 좁은 길은 남한강변 제방인 대신제로 이어진다고 안내를 한다.

어느 길을 택하든 한참을 가면 만나게 된다. 그렇지만 양촌리 방향은 꽤나 돌아서 가는 길인 데다 선생의 뱃길인 남한강이 시선에서 사라지기에 대신제 방향을 택한다. 여기서부터 오른편으로는 멀리 남한강을 내려다보고 왼쪽으로는 멀리 마을과 가까이 가끔씩 나타나는 한두 채의 민가나 비닐하우스 단지 등을 만나면서 단조롭게 이어진 좁다란 제방길인 양촌로를 걸어가야 한다.

한참을 걷다 보면 길 왼쪽 편으로 잘 가꿔진 잔디 마당의 2층 목조 양옥집인 이포보강변펜션이 나타난다. 여기서 또 한참을 걸어가면 모래 야적장에서 헤어졌던 자전거길과 만나고, 차도와 자전거길 그리고 보행자용 길이 나란히 충주로 향하는 비행기 활주로를 방불케 하는 넓은 길이 나타난다. 길바닥에는 '탄금대 84.6㎞'라는 안내문구가 나타난다. 꽤나 지루하고 힘들었지만 실은 강변 저류지로부터 3킬로미터 남짓 더 온 셈이다. 여기서부터 그 정도의 거리를 더 걸어가면 여주군 대신면의 후포천이 남한강으로 들어오는 지점을 만나게 된다. 여기서 비로소 하염없을 것 같던 제방길이 끝나는데, 지금까지 걸어오던 자전거길이 남한강의 지류인 후포천을 따라 동쪽으로 돌아 들어가기 때문이다.

이곳에 이르면 오른쪽 저 멀리 남한강이 계속 이어지던 단조로운 풍경에도 변화가 생긴다. 100여 미터 정도 그 길을 따라 가면 오른쪽 방향에서 후포천을 가로지르는 후포교를 만나게 된다. 후포교 초입에 여주로 가는 자전거길을 따라가려면 오른쪽으로 꺾어 이 다리를 건너라는 안내판이 서 있다. 후포교를 지나면 이내 가파른 경사에다 굽어지는 오르막길을 만난다. 길바닥에 쓰인 '급커브 천천히'라는 경고 문구가 아니더라도 굽은 경사길 전방에서 빠른 속도로 내려오는 자전거들로 인해 바짝 긴장하게 되는 길이다.

오르막이 끝날 즈음 바닥에 계속 이 길을 따라가면 80.4킬로미터 앞에 탄금대가 있다는 안내문자가 보인다. 그러면 얼마 후 내리막길이 시작되면서 이내 오른쪽으로 넓은 개활지가 펼쳐지고 시야에서 사라졌던 남한강이 아스라이 저 끝에서 다시 나타났다 숨었다 한다.

그렇게 점차 완만해지는 경사길을 따라 내려가다 보면 어느새 오른편 저 멀리 여주보가 눈에 들어오고 길 위에는 '1.0㎞ 여주보 인증센터'라는 글자가 붉은 아스콘 바닥 위에 나타난다. 오늘의 여정 출발점을 기준으로 3시간 30분 만인 11시 30분에 드디어 여주보 입구에 이른 것이다. 여주보는 여주시 능서면과 대신면 사이의 강 위를 가로지르는 길이 525미터의 보로서, 세종대왕의 발명품인 해시계와 물시계의 형상으로 디자인하였다.

「여주 시내를 지나다

여주보를 건너면 자전거길이 왼쪽 직각으로 꺾여 내려가며 여주 시내를 향한 남한강변 길로 이어진다. 이제부터의 여정은 저 멀리 세종대교를 바라보며 남한강을 왼쪽에 끼고 걷는 길이다. 붉은 아스콘 포장 자전거길이 얼마 안 가 끊기면 길이 좁아지면서 시멘트 포장으로 바뀌고, 자전거 전용도로에 보행자의 통행을 금한다는 표지판이 서 있다. 왼쪽 강변 쪽으로는 숲이고 오른쪽 저 위는 차가 쌩쌩 내달리는 차도라 달리 보행자가 선택할 길이 없다. 퇴계의 귀향길을 따라 걷는 이들이 많아지면 자전거길을 보행자에게 나누어 줄 수도 있겠지만, 여주시가 미리 살펴서 걷는 길을 내어주는 배려의 행정으로 귀향길을 찾는 이들을 맞아 주었으면 좋겠다는 생각을 했다.

도중에 여주8경 중 제6경으로 꼽히기도 했던 삿갓 모양의 바위가 층층으로 쌓인 입암층암笠巖層巖을 지난다. 강을 굽어보며 치솟은 암벽이 그 자체로 볼 만하지만 노을 무렵 강물에 비치는 풍경으로 8경에 이름을 올리지 않았을까. 입암층암 말고도 가는 길 내내 왼쪽의 남한강이 오른편의 산 그리고 언덕과 어우러져 아름다운 풍광을 만들어 지쳐 가는 심신에 힘을 보태 준다. 반송을 비롯한

여주 입암층암
삿갓 모양의 바위가 층층으로 쌓인 곳으로
여주팔경 중 제6경이다.
ⓒ도산서원선비문화수련원

다양한 나무와 꽃 그리고 사이사이 놓인 휴식용 벤치가 길 가는 즐거움을 더한다.

이렇게 한참을 걸어 양섬 근처에 이르면 여주 시내에 접어든 것이다. 세종대교 아래를 통과하면 길바닥에 '탄금대 73.8km'라는 안내문자가 나타나고 멀리 완만한 오르막길이 보인다. 그 길을 따라 올라가다 자전거 횡단 표지 안내에 따라 길을 건너면 '하리보도교'라는 이름패를 달고 있는 작은 다리가 나타난다. 시간은 이미 12시 50분을 넘어가고, 5시간째 걸어온 여정에 지치고 배도 고프다.

서둘러 다리를 건너 곧장 직진해 사무실과 식당 등이 있는 구역을 200여 미터 걸어 들어가 여주 세종병원 인근의 식당 '조선막국수'로 향했다. 이 식당은 막국수와 도가니탕이 주된 메뉴이고 수육, 만두 등도 제공하고 있다. 인근의 직장인과 마음먹고 찾아온 듯한 노년의 손님들로 붐비는 것으로 보아 꽤나 이름이 난 듯하다. 일행들 모두 각자 선택해 먹은 음식에 좋은 평가를 했다.

오후 2시, 든든한 점심식사에다 잠깐의 휴식에 한결 가벼워진 몸으로 다시 여정을 시작한다. 식당에서 나와 왼쪽 방향으로 도로를 따라 300여 미터 걷다 보면 고려병원 사거리에 이른다. 여기서 왼쪽으로 돌아 남한강변으로 이어지는 강변로를 따라가면 자전거도로를 다시 만나게 된다. 식당에서 출발한 지 50분쯤 지나 여주대교 남단에 이르면 아스팔트 포장길이 끝나고 목재 데크로 된 길을 만난다. 여주대교 교각 사이를 통과해 강둑 경사면을 올라가는 길이다. 여기서 올라가 전방 저 멀리 상동사거리 대형 교통안내판이 보이면 여양로를 따라 이어지는 인도에 들어선 것이다.

인도를 걸어 상동사거리에 이르러 좌회전하면 주내로인데, 주내로를 따라 완만한 경사길을 한참 내려가면 왼쪽으로 늘어선 카페, 식당, 모텔 등을 거쳐 지나가게 된다. 그 즈음 전방 차도와 인도 사이에서 왼쪽 방향을 가리키며 '4㎞ 강천보'라는 문구와 자전거 그림이 있는 안내 표지판을 만나게 된다. 가리키는 대로 좌회전해서 자전거길로 들어서 걸어가면 왼편으로 어느새 남한강이 다시 나타난다. 시내 구간에 비해 강폭이 좁아져 건너편 풍광이 성큼 다가오고, 도심의 아파트 등 인공 건축물 대신 야트막한 산과 언덕이 정겹게 이어지며 남한강에 그림자를 드리우고 있다. 도심을 지나던 구간에 비해 발걸음이 한결 여유 있고 기분도 즐거워진다.

신륵사 원경
신륵사가 봄빛 가득한 봉미산 기슭에서 아름다운 자태로
강 건너를 바라보고 있다.
ⓒ도산서원선비문화수련원

풀려나간 마음을 찾아서

저 멀리 건너편에 여주 신륵사가 보이면 이쪽은 강변유원지 구역에 접어든 것이다. 신륵사는 봄의 신록이 가득한 봉미산 기슭에서 단정하고도 아름다운 자태로 강 건너 이쪽을 바라보고 있다. 일반적으로 사찰이 계곡을 거슬러 올라간 깊은 산속에 자리 잡고 있는 것과 달리 신륵사는 푸른 물줄기와 드넓은 모래사장 그리고 넓은 들판이 있는 곳에 있어 그 풍경이 더욱 아름답다. 그 옆 남한강 물이 굽이치는 강가에 서 있는 다층전탑도 신륵사의 빼어난 경관에 아름다움을 더한다.

강변 아래쪽으로 황포돛배 선착장, 수상스키장 등 수상 위락시설이 내려다보이고, 진행 방향을 기준으로 오른편 넓은 부지에는 캠핑장과 공연장, 주차장 등이 펼쳐져 있다. 도심에서 가까워서 그런지 가족 단위로 캠핑을 하거나 놀러 나온 사람이 많고, 자전거길에는 2인용 자전거, 누워서 타는 자전거 등 다양한 형태의 자전거를 즐기는 사람들이 넘쳐난다. 활기찬 모습이 참 보기 좋다.

신륵사 나루에서 옛 제자 생각에 눈물짓다

신륵사 아래 지금의 황포돛배 선착장 자리에 예전엔 조포나루가 있었다. 조포나루는 삼국시대 이래 1964년 여주대교가 준공되어 그 역할을 대신할 때까지 사람과 물자를 실어 나르는 나루터의 역할을 수행했다.

퇴계는 여주를 지날 즈음 배 위에서 15년 전 고인이 된 옛 제자 홍인우洪仁祐가 금강산을 유람할 때 길잡이를 해 주었던 승려를 우연히 만났다. 승려에게서 당시의 일을 자세히 들은 퇴계는 몹시 아꼈던 제자 생각에 한동안 눈물을 흘리며 시를 지었는데, 그곳이 신륵사 아래 승려들이 타고 내렸던 조포나루였을 것으로 짐작된다.

홍인우는 1515년(중종 10) 홍덕연의 장남으로 태어나 주로 한양에서 거주하였다. 본관은 남양이다. 1537년(중종 32) 사마시에 합격했지만 벼슬에 뜻이 없어 대과를 단념하고 평생 학문에만 정진했다. 25세 때 화담 서경덕을 찾아가 학문을 물었고, 화담의 제자인 허엽·박순·박민헌 등과 교유하였다.

38세에 처음 한양에서 퇴계를 만나 가르침을 접한 이후 길지 않은 시간이지만 직접 찾아가기도 하고 편지로 질문하는 등 한결같이 스승으로 존모하며 배웠기에 퇴계 문인록인 《도산급문제현록陶山及門諸賢錄》에 실려 있다.

홍인우는 금강산을 유람하였던 해인 1553년 10월 부친상을 당하였고, 상을 치르다 병을 얻어 1554년(명종 9) 11월 마흔이라는 이른 나이에 생을 마쳤다. 저서에 《치재유고恥齋遺稿》가 있는데, 그 안에 금강산 등지를 유람한 기록인 〈관동록關東錄〉이 실려 있다.

스승과 제자로서 두 사람의 만남은 채 3년이 되지 않는 짧은 기간이었지만 퇴계는 그를 무척이나 아꼈고, 그런 만큼 그의 죽음을 크게 안타까워했다. 퇴계는 홍인우의 인물됨을 이렇게 평했다.

민음이 돈독하고 실행에 힘쓰며 청빈하게 닦은 고절苦節을 어디에서 얻을 수 있겠는가? 그는 마음을 항상 선행에 두어 외부의 물질욕에

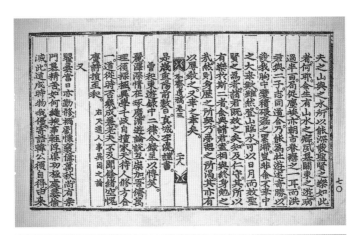

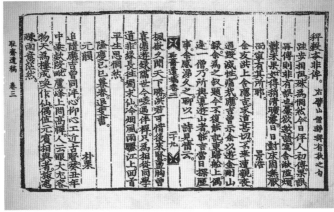

홍인우의 《치재유고》
홍인우를 그리워하며 쓴 시와
홍인우의 〈관동록〉에 쓴 퇴계의 서문이 실려 있다.
©한국고전번역원

침해받지 않았다. 지금은 이러한 사람을 얻기 어렵다.

한편 퇴계의 문집에는 홍인우에게 보낸 편지 5편과 답한 편지 2편, 홍인우 관련 시편과 만사, 제문 등이 수록되어 있다. 편지의 주된 내용은 일상적인 학문에 대한 가르침과 금강산 유람을 담은 〈관동록〉을 위해 퇴계가 쓴 서문에 관한 것이다. 퇴계는 홍인우의 아버지인 홍덕연의 신도비명을 짓기도 했다. 이를 통해 평소 홍인우에 대한 퇴계의 사랑과 여망이 컸고, 그런 만큼 일찍 떠나보내야 했던 안타까움도 컸음을 알 수 있다.

홍인우가 죽은 지 15년 후 퇴계로 하여금 마지막 귀향길 배 위에서 제자를 떠올리며 울게 했던 계기는 홍인우가 죽기 한 해 전인 1553년 금강산을 비롯한 관동 지방을 유람한 일이었다. 그는 친한 벗 허충길, 남언경과 길동무해서 4월 9일 동소문을 출발하는 것으로 여정을 시작해 14일 금강산에 입산해 두루 유람한 후 통천 총석정, 고성 삼일포, 낙산과 양양 등지를 거쳐 강릉 경포대 등을 둘러보고 5월 20일 여주로 돌아온 여정을 기록했다. 그 기행문이 바로 〈관동록〉인데, 퇴계와 율곡이라는 당대 조선의 대학자가 나란히 서문과 발문을 붙인 기행문으로 유명하다.

〈관동록〉에서 홍인우는 자신이 금강산을 비롯한 관동의 명승 유람에 나선 취지를 밝히고 있다. 조선의 여러 명산 가운데 기이하고 수려하기로 제일인 금강산을 유람할 생각을 일찍부터 했지만 세상사에 얽매여 수십 년 동안 뜻을 이루지 못하다 1553년 4월 드디어 두 벗과 더불어 옛날 공자가 태산을 오르고 주자가 무이산을 올라

어질고 지혜로운 이가 산수의 즐거움을 얻었던 사례를 따라 유람에 나섰다고 밝히고 있다. 퇴계는 〈관동록〉 서문에 이렇게 썼다.

나의 벗 상사上舍(진사의 별칭) 홍응길洪應吉(홍인우) 군은 학문하던 여가에 세속에 얽매이지 않는 고상한 취미가 있어, 올해 4월에 상사 허국선許國善(허충길), 상사 남시보南時甫(남언경)와 함께 관동 지역을 유람하기로 서로 약속하여 제일 먼저 이 산을 찾아 올라가 구경하였다. 그 뒤에는 총석정을 지나 경포대에서 뱃놀이를 하는 등 산과 바다 사이에 노닐어 얻은 것이 많아 의기양양하게 돌아왔다. 나는 함께 유람하지 못했음을 서운하게 여기고 그가 돌아오자마자 그 유람의 기록을 요구하여 읽어 보았다.

빼어난 경치를 지닌 산과 물을 찾아가는 것은 선인들에게 단순한 유흥이 아니었다. 자연 속에서 세사에 매여 답답하고 눌렸던 심회를 소쇄하고, 그런 과정을 통해 마음을 기르는 일종의 수양이었다. 그러므로 퇴계는 홍인우의 금강산 유람 계획을 듣고 적극 격려했다. 또한 유람에서 돌아와 쓴 홍인우의 기행문을 읽고 몹시 마음에 들어 하며 서문을 지어 주었다. 그런 점에서 〈관동록〉은 퇴계의 주문에 따라 기록된 기행문이라고 할 수 있다.

퇴계는 이 글을 베껴 두고 수시로 읽으며 금강산을 유람했을 것이다. 이러한 간접경험을 누워서 하는 유람이라는 뜻으로 '와유臥遊'라고 한다. 어쨌거나 홍인우의 금강산 기행은 퇴계가 벼슬하며 세사에 매여 답답해하던 심회를 달래 주는 큰 위로가 되었던 것 같다.

홍인우 일행은 금강산에 들어가 유람하던 중 오대산 쪽에서 온 신륵사 승려 지능智能과 혜보惠普를 만나 두 사람의 안내로 함께 유람을 했다. 퇴계는 여주에 접어들면서 이미 많이도 아꼈고 그런 만큼 15년 전 마흔이라는 젊은 나이로 유명을 달리한 여주 출신 제자 홍인우를 생각했을 것이다. 그러던 차에 정말 우연히도 금강산 유람을 함께한 승려를 만나 당시의 이야기를 다시 들은 것이다. 그 마음이 어떠했을까? 나중에 간행된 홍인우의 유고집에는 바로 이곳에서 승려를 만나 제자 생각에 눈물을 짓던 심정을 담은 퇴계의 시가 실려 있다. 그 시는 홍인우의 관동유람을 읊은 박율의 시를 차운한 것으로 되어 있다.

나의 벗 상사 홍응길은 도를 추구함이 매우 간절했는데 불행하게 어버이 상을 당해 너무 슬퍼하다 죽었으니 애통한 일이다. 그가 일찍이 나에게 금강산 유람록을 보여 주어 내가 서문을 써 준 적이 있는데 지금은 기억나지 않는다. 고향으로 돌아가는 배에서 우연히 한 승려를 만났는데, 금강산 유람 때 길 안내를 맡았던 사람이다. 당시의 유람하던 일을 듣고 나는 오래도록 눈물을 흘렸다. 부족하나마 시 한 수를 지어 그 심정을 나타낸다.

금강산이 명산이란 말 들은 지 오래인데
애석하게도 홍군이 뒤늦게야 왔네.
일찍이 유람기 읽고 가슴 뛰었는데
함께한 승려 만나니 격세지감 드네.

서로 함께하며 도를 배웠는데

오래할 인연 아니어 혼자 신선이 되었네.

여강에 차가운 운무 끼고 풍우 치는데

지난 평생 되돌아보니 슬픔이 이네.

신륵사가 시야에서 사라질 때까지 강 건너 쪽을 바라보며 제자 생각에 복받쳐 오르는 마음으로 눈물을 흘리고 시를 지은 곳이 어디쯤일까 마음속으로 가늠해 보았다.

「구도의 길

신륵사와 캠핑장이 남한강을 사이에 두고 마주보는 곳을 벗어나면 사람도 뜸하고 풍경도 단조로운 자전거길을 다시 뚜벅뚜벅 걸어야 한다. 무념무상으로 걷다 보면 여주와 원주 문막을 잇는 이호대교 아래를 지나게 된다. 이즈음 멀리로 고개를 돌리면 남한강을 가로질러 얼핏 다리처럼 생긴 구조물이 서 있는 것이 보인다. 강천보이다. 강천보는 여주시 단현동과 강천면을 가로지르는 보로 4대강 사업 과정에서 부설되었는데, 황포돛대를 형상화한 디자인이다. 4시 20분경 강천보를 걸어서 건너 몹시 가파른 길을 돌아 내려가니 남한강이 오른쪽으로 바짝 다가와 따라온다. 맞은편에서 일군의 자전거 동호인들이 오며 인사를 나누는데, 놀랍게도 우리가 조심스레 걸음을 딛고 내려올 만큼 가파른 그 오르막을 자전거를 타고 오른다.

강천보를 건너와 왼편으로 바위 절벽이 높이 서 있고 오른편으로 남한강이 바로 아래인 구간을 얼마간 지나면 오늘의 마지막 난관인 제방 위 끝없이 이어지는 자전거길이 기다리고 있다. 강천보를 지나 굴암리에 이르는 남한강변의 자전거길을 따라 걸어가면 강변길의 끝자락 조금 못 미쳐 자전거길은 우측의 강천섬으로 향한다. 계속 직진해 바로 만나는 작은 산길을 통과하는 것이 좋다. 약간의 높낮이가 있는 숲길을 약 5분 정도 걸어가면, 다시 남한강 제방길이 나오고 얼마 뒤에 강천섬유원지 주차장이 있는 강천1리에 도달할 수 있다.

여주 동편 끝자락의 강천섬
퇴계가 머물렀던 흔바위나루 가까이에 있다.
ⓒ도산서원선비문화수련원

풀려나간 마음을 찾아서

1시간 30분 정도 소요되는 거리이지만, 이미 해가 뉘엿뉘엿 기울어 기온이 내려가고 체력도 거의 고갈되어 가는 막바지라 오전의 남한강대교에서 후포천을 만나기까지 하염없이 걷던 제방 위 자전거길보다 오히려 길게 느껴진다. 거의 변화가 없는 강안의 풍경에다 지쳐 가는 몸에 마음은 무념무상이거나 안으로 수렴된다. 또다시 풀려나간 마음을 안으로 거두어들이는 '구도의 구간'이다.

　퇴계 귀향의 의미를 생각해 본다. 벼슬길에 나간 이후 수십 차례 사직하고 고향으로 돌아가기를 청했지만 60대 끝 무렵에 가서야 돌아가는 것을 허락받았다. 스스로 호를 퇴계라고 지었듯 퇴계에게 물러남은 대단히 중요한 의미를 지니는 염원이었다. 퇴계가 추구했던 것은 높은 벼슬과 그에 따른 명예나 이록이 아니었고, 내면으로 침잠해 하늘이 부여한 본성을 찾고 회복하는 군자의 길이었다. 그것을 퇴계는 위기지학爲己之學이라 했고, 자신은 물론 제자들에게도 그 길을 따라가기를 독려했다. 위기지학이란 한마디로 세사에 매이고 이욕을 좇았던 마음을 내면으로 거두어들이고 간직함으로써 하늘이 부여한 착한 본성, 즉 본연의 사람다움을 회복하는 것이다.

　그렇게 본다면 퇴계에게 물러남은 곧 되돌아감이고 회복이었을 것이다. 본래 타고난 사람의 마음을 회복하는 것이고, 세상의 먼지에 오염되지 않은 태어난 시점의 마음 상태로 돌아가는 것이다. 또한 번다한 세상의 일들로부터 벗어나 조용한 내면으로 돌아가는 것이고, 한낮의 분망한 일상에서 이른 새벽의 고요함으로 돌아가는 것이다. 퇴계의 마지막 귀향은 평생에 걸쳐 돌아감을 통해 자신의 본연의 모습을 찾고자 했던 그의 일생에서 대단히 상징적

장면이라는 생각이 들었다.

　퇴계의 마지막 귀향을 온전한 회복과 연결해 이런저런 생각을 하다 보니 어느새 영동고속도로가 남한강을 건너는 남한강교 아래에 이르렀다. 강천보를 건너온 이후 만난 머나먼 자전거길 전체의 절반은 지나온 것이다. 여기서 다시 힘을 내서 남은 자전거길 절반을 지날 즈음 오른쪽 강 아래로 강천섬이 보이기 시작한다. 강 건너편을 보니 저 멀리 여주시 점동면 흔암리 흔바위나루가 있던 곳이 눈에 들어온다. 배를 타고 갔던 퇴계가 비바람 맞으며 종일 고생하다 저기서 비로소 배에서 내려 하루 유숙하며 쉬었을 것이다.

　흔바위나루는 여주시 점동면 흔암리에 있던 조선시대의 나루로, 건너편 흔바위마을에서 이쪽 강천면 굴암리로 건너오는 나루였다. 흔바위는 흰바위의 발음이 변한 것이라 한다. 일제강점기에는 이곳으로 쌀과 소금을 들여와 마차를 이용해 장호원으로 이동했다.

　우리가 걷는 길 바로 건너편이 퇴계가 그날의 여정을 마무리하고 머물렀던 종착지이다. 우리 일행은 여기서 배에서 내린 퇴계와 잠시 헤어져 30여 분 더 걸어 저녁 식사와 휴식이 기다리는 숙소로 이동했다. 배개나루에서 흔바위나루에 이르는 퇴계의 귀향길을 따르는 오늘의 기나긴 여정은 이렇게 끝이 났다.

❖박경환

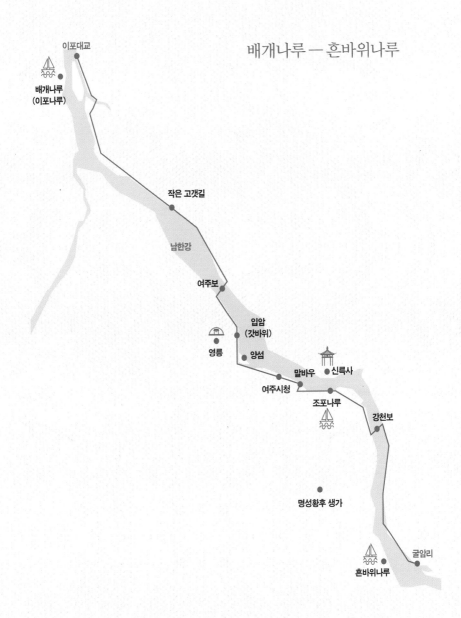

배개나루 — 흔바위나루

이 구간은 남한강을 따라가는 자전거길을 이용하는데, 도착지에 거의 다 가서 자전
거길은 강천섬으로 진행하지만, 도보 답사는 굴암리 마을 직전 야트막한 산길을 통
과하는 것이 효과적이다. 퇴계의 귀향길은 배개나루에서 출발하여 신륵사 앞의 조
포나루를 경유하여 흔바위나루까지의 뱃길이었다. 그런데 흔바위나루가 있는 점동
면 흔암리에 이르는 도로는 남한강 물가에서 멀고, 남한강을 따라 조성된 자전거길
또한 강천보 이후 굴암리까지 이어지므로 이 길로 가는 게 좋다. 다만 굴암리 산길
로 접어들기 전 강 건너편 흔암리의 나루터를 조망해 보는 것을 잊지 말 일이다.

이곳에
와보지 않은 사람은
한국사람이 아니다

흰바위나루에서 가흥창까지

만리장성에 오른 모택동이 "부도장성비호한不到長城非好漢", 즉 "만리장성에 오르지 못한 자는 쾌남자가 아니다!"라고 소리쳤던 고사를 원용하듯 "이곳에 와보지 않은 사람은 한국사람이 아니다!"라고 했는데, 과장이 아닐 정도로 퇴계 귀향길 가운데 백미가 바로 이 코스가 아닐까 싶다.

인간과 자연은 하나

450년 전인 1569년 음력 3월 10일에 퇴계는 여주 흔바위나루에서 배를 타고 충주 가흥창까지 갔다. 2019년 4월 14일 일요일에 우리는 흔바위 건너편 강천면 굴암리에서 가흥창까지 29킬로미터를 걷는 긴 노정을 시작했다.

여느 때와 같이 아침 8시에 출발했다. 일행은 모두 조선시대 선비의 복장인 도포 차림. 멀리서 보면 영락없는 한 무리 백학白鶴이다. 국제퇴계학회 회장인 이광호 전 연세대 철학과 교수가 〈도산십이곡〉을 선창하였다. 매일 출발할 때 그 가운데 한 곡을 이 교수가 아침 공기를 덥히는 우렁찬 목소리로 선창하고 뒤이어 일행이 따라 하는데, 모두들 흥이 나서 목청을 돋우는 바람에 오륙백 미터 밖에서도 소리가 들릴 정도였다. 〈도산십이곡〉 제11곡은 다음과 같다.

청산은 어찌하여 만고에 푸르르며

유수는 어찌하여 주야에 그치지 아니하는고.

우리도 그치지 마라 만고상청萬古常靑하리라.

이 시에 담긴 의미가 심장하다. 푸른 산과 흐르는 물은 무한한 시공에서 영원한 대자연의 표상이다. 푸른 산의 진중한 기상을 배운 자는 어진 사람이며, 흐르는 물의 역동성을 배운 자는 지혜로운 사람이다. 자연과 인간을 하나로 묶으면서 인간이 자연의 본질과 이치를 체득하는 게 곧 자아실현이라는 취지가 함축되어 있다. 즉 이 노래는 인간과 자연은 하나라는 '물아일체物我一體'의 경지를 읊고 있다.

퇴계는 훈민정음으로 〈도산십이곡〉과 〈청량산가〉 같은 문학작품을 남겼다. 비록 퇴계의 본령인 성리학에 가려 부각되지 않고 있지만 우리 국문학사에서 농암 이현보(1467~1555)의 〈어부가漁夫歌〉(1549)와 더불어 16세기 중후반의 국문학적 성과로 꼽을 만한 걸작이다.

이광호 교수는 퇴계학을 오래 공부한 학자로 퇴계의 방손傍孫이기도 하다. 퇴계학 논문을 많이 썼고, 곁눈 팔지 않고 퇴계학과 성리학에 일로매진하는 학자이다. 서울에서 도산서원까지 걷는 이 행사를 다 마친 후 되돌아보며 하는 말인데, 이 시대가 아무리 건강 장수하는 시대라지만 이 교수는 고희를 넘은 나이에 온갖 어려움을 극복하고 완주하였다. 중도에 발 여러 곳에 물집이 잡히기도 하여 보통 사람 같으면 일찌감치 포기했을 것인데 절뚝이면서도

이곳에 와보지 않은 사람은 한국사람이 아니다

걷고 또 걸어, 마침내 목적지에 이르렀다. 초인적인 의지력이 아닐 수 없다. 나는 이번 행사에 앞서 예비답사를 할 때 하루 반나절을 걷고는 발바닥 물집으로 도저히 걸을 수 없어 중도에 포기하고 만 적이 있다. 《논어》에 다음과 같은 대화가 있다.

염구冉求가 공자에게 말했다.
"제가 선생님의 도를 좋아하지 않는 것이 아니라 힘이 부족합니다."
공자가 대답했다.
"힘이 부족한 사람은 중도이폐中道而廢한다. 그런데 너는 획畫한 것이다."

이 대화의 상황과 함축에 여러 해석이 있다. 다산 정약용의 주석이 누구보다 '중도이폐'의 본뜻을 가장 쉽게 밝혔다고 생각한다. 다산에 의하면 '중도이폐'는 일반적인 이해인 '파지罷止' 즉, '무엇을 목표로 하여 실행하다가 힘에 부쳐 중도에 포기하는 것'이 아니라, '체력이 다하고 기력이 고갈하여 몸이 쓰러져 죽는 것力盡氣竭身自崩頹而死也'이라 하였다. 다산은 '죽을 때까지 노력을 그치지 않는다는 지극한 말至死不已之至言'이라고 다시 한번 강조하였다. 그러니까 삶을 버리고 의를 취한다는 '사생취의捨生取義'도 '중도이폐'에 해당할 것이고, 여기서의 '획畫'은 그러다가 죽을까 두려워 힘이 아직 남아 있는데도 그만 두는 부실한 중지로 보아야 할 것이다. '획'을 출발도 하지 않은 상태, 엄두가 나지 않는 상태로 보는 학자들도 있는데, 실상과 거리가 먼 것으로 보인다.

1569년 당시, 퇴계의 은퇴 결심과 귀향은 다산의 중도이폐 해석의 취지로도 접근할 수 있다. 선조의 우악한 우대와 중신들의 정중한 만류, 그 심사가 액면 그대로이건 아니건 그 권유를 명분으로 삼아 못 이기는 척 은퇴에서 돌아서서 벼슬을 더 할 수도 있었을 것이며, 국가의 원로로 정치와 권력에도 권위를 떨칠 수 있었을 것이다. 아무리 퇴계라 하더라도 그런 유혹에 한두 번 흔들리지 않았을까.

그러나 퇴계는 〈무진육조소〉와 《성학십도》를 왕에게 바치는 것으로 조정에서 자신의 사명을 다했다고 확신하고, 영영 서울을 떠나기를 시도하여 마침내 연비어약鳶飛魚躍의 경지에 도달하였다. 만약 퇴계가 그때 귀향을 철회하였다면 퇴계를 배우겠다는 오늘 우리들의 답사도 없었을 것이고, '퇴계' 두 글자에 내포된 정체성에도 적지 않은 손색이 있었을지 모른다. 자신을 위해서나 당대를 위해서나 후세를 위해서나 위대한 '중도이폐' 였다.

┌빗속의 남한강, 옅게 화장한 서시 같아라

8시 정각에 일행은 굴암리 숙소 옆 공터에서 출발하여 두 줄로 질서정연하게 전방으로 행진했다. 평지길을 걷다가 오르막길을 걷다가 한참 힘들어 하는데 강천1리를 알리는 표석이 우리를 반겼다. 도로 폭이 넓은 섬강 길로 접어들어 '강천2리 다릿골마을' 표지판 앞에서 경기도를 벗어나 곧 강원도로 접어들었다.

굴암리에서 다릿골마을까지 가는 다른 길도 있다. 어쩌면 더 운치 있고 퇴계의 마지막 귀향길과 더 근접한 길이라고도 할 수 있다. 굴암리마을에서 출발하여 남한강변으로 나와 강 옆으로 난 멋진 오솔길을 30여 분 간다. 그곳에서 좌회전하여 마을길로 걸어가면 다릿골마을 입구에서 만나게 된다.

마을 입구에서 20여 분 정도 가면 섬강을 가로지르는 섬강교를 건너게 된다. 여기서부터는 강원도 원주 땅이다. 곧바로 강 쪽으로 내려가 또다시 20여 분 강변길을 따라 걸으면서 섬강이 남한강 본류와 합류하는 그림 같은 절경을 감상할 수 있다.

홍원창 터의 표지석
홍원창 일대는 논밭으로 변하고, 외로운 표지석 하나가 옛 터임을 알려 준다.
ⓒ도산서원선비문화수련원

아침부터 날씨가 흐리더니 드디어 비가 부슬부슬 뿌리기 시작한다. 방울져 내리는 비가 아니라 부슬비여서 우리는 피하지 않고 맞으며 걸었다. 맑은 날의 천연색 경치도 아름답지만 수묵화같이 흐린 풍경 속을 지나노라니 도시의 일상과는 아주 색다른 감동이 일었다.

물빛 찬란하니 맑은 날도 아름답고
산빛 몽롱하니 비가 와도 신비로워라.
서호를 서시에 비교한다면
옅은 화장 짙은 화장 다 아름다워라.

섬강과 남한강
섬강이 남한강 본류와 만나 그림 같은 절경을 이룬다.
ⓒ도산서원선비문화수련원

이곳에 와보지 않은 사람은 한국사람이 아니다

소동파의 시 〈서호 가에서 한잔하는데 처음엔 맑다가 뒤에 비가 오다飮湖上初晴後雨〉이다. 천하의 절승絶勝 항주杭州의 서호西湖, 천하제일의 미녀 서시西施, 활짝 갠 날도 좋고 흐리고 비 오는 날 또한 좋은 경치⋯⋯.

서호만 그러한가? 충주로 가는 남한강변의 풍광, 특히 흥원창興元倉 앞에 펼쳐진 남한강의 풍경도 그러하다.

10시 조금 넘어 흥원창 옛 터에 도착하였다. 흥원창의 창고나 부속 건물은 흔적도 없이 논밭으로 변했다. 이곳은 고려시대와 조선시대에 걸쳐 지방에서 세수稅收로 거둔 곡식을 경창京倉으로 운송하는 조운漕運 과정에서 중요한 역할을 하던 곳이다.

퇴계 당시에는 전국에 9개의 조창이 있었다. 조선 후기에 조세를 면포나 동전 등으로 내는 지역이 확대되면서 세곡 운송의 필요성이 감소하고, 19세기 말에 대부분의 조창이 소멸되었는데, 이곳도 아마 당시에 폐쇄되어 그 넓은 터가 경작지로 변화했을 것이다. '산천은 의구한데 인걸은 간 데 없다' 더니, 인걸뿐 아니라 시설도 간 데 없구나⋯⋯.

퇴계사상의 핵심은 경敬

물고기가 물을 만난 듯 우리 일행은 피곤한 줄 모르고 퇴계와, 관련 역사와, 유학儒學을 화제로 끊임없이 대화를 나누었다. 관심 분야의 공통분모가 넓어서인지 누구라 할 것 없이 참여해 주거니 받거니 이야기가 이어졌다. 평소 마음에 품었던 이야기를 강물처럼 풀어 놓으며 부드럽게 이어 나가는 사이사이 왁자지껄한 웃음소리가 나뭇가지를 흔들기도 했다. 문득 공자가 자유子游와 나눈 이야기 한 토막이 떠올랐다.

공자가 제자 자유가 고을 원님으로 있는 무성武城에 갔을 때 여러 곳에서 악기를 연주하고 노래하는 소리가 들렸다. 공자가 짐짓 빙그레 웃으며 물었다.
"닭 잡는 데 어찌 소 잡는 칼을 쓰는가?"
자유가 대답했다.
"전에 제가 스승님께 들었습니다. 군자가 도를 배우면 백성을 사랑하고, 소인이 도를 배우면 쉽게 따르게 할 수 있다고 하셨습니다."
"애들아! 자유의 말이 맞다. 좀 전에 내가 한 말은 농담이었다."

닭 잡는 데 왜 소 잡는 칼까지 쓰냐는 말은, 예악은 백성을 교화하는 대도大道인데 나라를 다스리는 대도로 쓰질 못하고 겨우 작은 고을을 다스리는 데 쓰는 것이 아쉽다는 생각을 담은 비유이다. 그 선생에 그 제자, 자유는 청출어람靑出於藍의 언어로 받아쳤다. 공자와 제자들 모두 유쾌하게 웃었을 것이다.

유학은 원래 그 속성이 부드러웠다. 한나라의 학자로 별명이 '오경무쌍五經無雙'인 허신許愼이 《설문해자說文解字》에서 "유儒는 유柔다"라고 하지 않았던가. 공맹유학의 본질은 부드러움에 해학까지 가미된 것이었다. 어느 만큼은 공맹에 물든 우리들의 대화도 그

138

러했다.

일행 중 일반 참가자 한 사람이 나에게 퇴계학의 핵심이라고 해도 좋을 '경敬'을 물었다. 이 글자는 글자가 만들어진 기원전 11세기 이전 상商나라 때는 현재와 사뭇 다른 모양이었다. 갑골문에 새겨진 형태를 보면 글자의 왼쪽은 머리를 성장盛粧한 여자가 다소곳이 앉아 있는 모습이다. 윗부분은 풀 초艸가 아닌 관卝 자로 머리 장식의 상형이고, 나머지 구句의 2획까지가 측면에서 본 그녀의 몸이며, 구口는 입이다. 명령하는 입이 될 수도, 대답하는 입이 될 수도 있다. 그러니까 그녀는 성장한 귀부인으로 어쩌면 왕비일지도 모른다. 그 글자는 서두르지 않고 조신하게 행동한다는 의미를 담았다. 뒤에 그 오른쪽에 손의 상형인 우又 자가 첨가되었는데, 그녀의 머리를 만지는 시녀의 손을 그린 것이다. 그 뒤에 우又 자가 복攴으로 변했는데 2획까지가 머리를 만지거나 장식할 때 사용하는 오늘날 미장원에서 쓰는 고데기 같은 도구를 의미한다. 이것을 간략히 간추린 것이 복攵이다.

그러니까 경敬은 귀부인이 주인이나 임금을 만나러 가기 전에 몸단장하는 모습을 그린 글자로, 그 의미는 '공경'이 본질이다. 《시경》·《서경》 같은 고대 유가 경전의 용례를 보면 한결같이 '공경'과 '엄숙'의 의미로 쓰였는데, 그 대상은 인간뿐 아니라 신과 조상에게로 확대된다. 기원전 11세기 전후인 주나라 초에 주공周公 희단姬旦이 확립한 경천보민敬天保民 사상에서 볼 수 있듯 본뜻보다는 하늘 공경의 의미로 널리 쓰이다가 주나라 중엽부터 다시 인간 공경의 의미로도 널리 쓰이게 되었다.

퇴계는 정자程子와 주자朱子의 여서餘緖를 이어 '주일무적主一無 適'과 '정제엄숙整齊嚴肅'을 '경敬'의 내용으로 삼았다. '주일무적' 은 '전일專一', '무잡념無雜念'과 같은 말인데, 비슷한 말로 주자가 언급한 '정신일도精神一到 하사불성何事不成'을 들 수 있을 것이다. '정신을 한 곳으로 집중하면 무슨 일인들 이루어지지 않으랴'라는 뜻으로, 정신과 의지를 결합하여 노력하면 어떤 어려운 일이라도 성취할 수 있다는 뜻이라고 하자, 선현들의 경 용례와 부연에 일행 은 모두 고개를 끄덕인다.

이어서 퇴계의 출처出處를 화제로 의견을 나누었다. '출'은 나 가서 벼슬살이를 하는 등 현실에 적극 참여하는 것이고, '처'는 물 러나 스스로의 덕을 수련하는 것이다. 세상 사람들 관심의 90퍼센 트는 '출'에 있는데 퇴계의 관심은 90퍼센트가 '퇴'에 있었다. 그 래서 호도 '퇴계退溪'가 아닌가. 퇴계의 이 염퇴恬退 사상, 즉 물러 나는 것을 편하게 여기며 옳다는 생각은 예나 지금이나 출세만 좋 아하는 사람들에게 울리는 큰 경종이다. '퇴'는 무엇인가? 이를 살피기에 앞서 전제해야 할 것은 퇴의 시기이다. 퇴는 세상의 발전 에 기여한 다음에 취하는 행동이다.

그리하여 첫째, 서자여수逝者如水의 철학에 따라 욕망을 절제하 며 안분지족安分知足을 실천한다는 것이다. 이는 인간의 바른 도리 이며 신념이어야 한다는 것이 유학자들의 생각이며, 퇴계가 특히 삶에 관련하여 크게 추구한 가치이다. 이러한 지향은 시공을 초월 하여 현재와 미래에도 큰 교훈이다. 권력과 욕망은 영원하지 않으 며 끝까지 집착하면 무리를 야기하고 비리를 초래하고 결국 자신

이곳에 와보지 않은 사람은 한국사람이 아니다

과 주변에 해악을 끼치기에, 때가 되면 염퇴할 줄 알아야 한다. 이럴 경우를 위해 또 준비된 교훈이 《주역》건괘 상구上九의 효사爻辭, '항룡유회亢龍有悔'이다. 즉, '높은 곳에 올라가 내려올 줄 모르는 용에겐 후회가 있을 뿐'이라는 것이다.

퇴계는 46세였던 1546년에 도산의 토계兎溪를 퇴계退溪로 고치고 자신의 아호로 삼았는데, 이 시기부터 염퇴 지향을 내면에 정초定礎하였다고 하겠다. 그 전해에 을사사화가 있기도 하였다. 이후 퇴계는 외직으로 나아갔으며, 내직 임명과 사퇴를 반복하였다. 1560년에는 도산서당을 지어 학문 연찬과 제자 육성을 본격화하였다. 이 시기에 가르친 제자 가운데 많은 인물이 배출되었다. 김성일, 류성룡, 정구 등이 그들이다. 그들이 임진왜란 극복과 그 이후 국가 유지에 상당한 역할을 하였다는 사실은 세상이 다 알고 있다. 모든 벼슬에서 물러나 있던 퇴계는 1567년 명나라 사신 접대를 맡아 부득이 출사했다가 드디어 1569년에 완전 은퇴를 결심하였고, 국왕 선조도 양해를 하였다.

둘째, 염퇴 이후에는 여력을 다해 자신의 이상을 확충하는 유종지미有終之美의 노력을 시도하였다는 것이다. 퇴계는 자신의 건강에 따라 남은 시간이 길지 않다고 짐작하고 미완의 원고를 정리하고 시 형식의 자서전인 〈자명自銘〉을 썼으며, 빌린 책을 돌려주게 하고 유언을 정리하기도 하였다.

퇴계학을 발전시킨 우담 정시한

이야기에 열중하는 동안 우산살이 휠 정도로 거센 비바람이 몰아치기 시작했다. 우리는 잠시 쉬는 시간을 가진 뒤 비옷으로 갈아입고 긴 남한강변을 거슬러 올라 충주 가흥창可興倉으로 향했다. 우리가 걷는 이 길은 고지리학 전문가인 국립중앙도서관 이기봉 학예연구사의 고증을 거친 길이다. 지형과 길의 변화로 약간 달라진 코스도 있지만 대체로 퇴계가 귀향길에 거쳤던 코스를 거의 그대로 따라가고 있다.

비 내리는 남한강변 길은 물안개가 가득하여 신비한 정취를 느끼게 한다. 또한 여러 전문지식을 갖춘 동행인들과의 풍성한 대화가 풍경과 더불어 피로를 녹이는지 힘든 줄 모르고 걸었다. 혼자 걸었다면 나는 염구冉求처럼 또 '획畵' 하고 말았을지 모른다.

강원도 원주시 부론면 법천리 길가의 식당에서 점심식사를 했다. 늘 그렇지만 오랜 운동 후의 식사는 무엇을 먹어도 진미다. 이곳 법천리는 조선 후기의 대학자 우담愚潭 정시한丁時翰(1625~1707)이 은거했던 곳이다. 우담의 증조부는 병조 판서 고암顧菴 정윤복丁胤福이고, 고조부는 좌찬성 정응두丁應斗이다. 정응두는 퇴계와 같은 조정에서 벼슬하며 서로 존경하던 동료였고, 정윤복은 퇴계의 제자이다.

남인 계열인 우담은 평생 퇴계의 학문을 존신尊信하였다. 율곡 이이가 퇴계의 성리설을 비판했을 때 남인 학자 대부분이 한동안 침묵을 지켰는데, 우담이 나서서 이기론과 사단칠정론을 정밀하게 분석하여 퇴계설의 정당성을 명확하게 입증하는 논고를 썼다.
퇴계학의 한 도통道統을 계승한 사례로 평가된다.

우담은 다산 정약용의 방조傍祖이기도 한데, 다산은 우담을 학
자로서 크게 존신하였다. 우담은 75세의 노년기인 1700년부터 3
년 동안 문인 외암畏庵 이식李栻과 인물성人物性의 동이同異를 주제
로 논변을 펼쳤다. 성리설과 관련된 본격 논쟁의 효시였다. 다산은
우담의 학문과 학덕을 다음과 같이 극찬하였다.

우담 선생의 학술의 바름과 의론의 공정함과 충성스럽고 정직한 기
풍과 명철하고 검약한 지조는 산악과 그 높이를 겨룰 만큼 탁월하
며, 해와 달과 그 밝기를 다툴 정도로 빛난다. 한강寒岡 정구鄭逑, 여
헌旅軒 장현광張顯光 이후로 진정하고 순수한 학자는 오직 선생 한
분뿐이다.

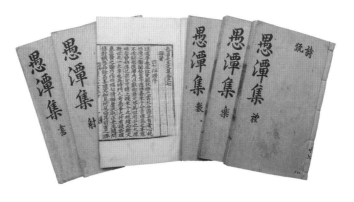

우담 정시한의 문집
정시한은 율곡의 퇴계 비판에 맞서 퇴계설의 정당성을 입증하는 논고를 썼다.
ⓒ한국국학진흥원

영남의 퇴계학파를 대표하는 학자의 한 사람으로서 우담과 절친한 사이인 갈암葛庵 이현일李玄逸(1627~1704)이 1689년 기사환국 남인 집정기에 조정의 부름으로 상경하던 중 법천리에 와서 우담을 만났다. 이때 우담은 평소처럼 시골 농부의 옷차림으로 왕골자리를 짜고 있었다. 갈암이 "띠 한 줄기를 뽑으면 같은 뿌리에 연결된 다른 띠도 함께 뽑혀 나온다"는《주역》의 말을 인용하며, 자기와 함께 조정에 나가 세상을 바꾸어 보자고 권유했다. 우담은 빙그레 웃으며 "됐네 됐어. 나는 이렇게 즐기며 살려네" 하고는 끝내 나아가지 않았다.

그 뒤 갈암은 이조 판서에 기용되어 현실 개혁에 성과를 내기도 하였지만 숙종의 변화무쌍한 성정性情과 노론·소론의 집요한 공략으로 1694년 갑술환국 이후 오래 귀양생활을 하며 신고辛苦를 겪었다.

두 사람의 길은 달랐으나 마음은 하나였다. 갈암은 현실 참여를 결정하고 출사하지만 반드시 성공하리라고 장담하지 않았을 것이며, 기회가 도래하였으니 최선을 다해 보겠다는 심정이었을 것이다. 우담은 한계를 노정한 당대 정치의 부침과 기미를 통찰하여 출사해 보았자 실패할 것이라고 전망하였지만 자신의 전망을 굳이 고집하지는 않았다.

성균관대학 총장을 지낸 중문학자 정범진丁範鎭 선생 등 나주 정씨 월헌공종회의 임원들과 원주시가 협력하여 우담을 주벽主壁으로 모시는 도동서원道東書院 복설을 추진 중이라 한다. 상경길 하향길에 이곳을 지나다녔던 퇴계가 자신의 학설을 굳건히 옹호하

이곳에 와보지 않은 사람은 한국사람이 아니다

여 학술사의 주류가 되게 한 후학이 뒷날 이곳에 은거하며 중요한 계술繼述 작업을 수행할 줄 상상이나 했을까?

학술사에서 퇴계학 비판에 대응한 학자로 두 사람을 꼽는데, 바로 우담과 갈암이다. 우담은 〈사칠변증四七辨證〉을 지어 율곡이 주장한 성리설의 문제점을 41조에 걸쳐 조목별로 비판하였다. 갈 암은 〈율곡이씨논사단칠정서변栗谷李氏論四端七情書辨〉을 지어 19조 목의 논변을 통해 퇴계를 비판한 율곡 이론의 문제점을 지적했다. 새삼스럽지만 학술사는 비판과 비평을 거쳐 그 질량이 확대되며, 언제든 새로운 전개가 가능하다.

청산유수로 펼쳐진 유홍준의 강의

오후 2시경에 비가 거의 그쳤다. 맑게 갠 따뜻한 날씨에 걷기가 훨 씬 수월했다. 남한강대교를 지나자마자 왼쪽으로 난 강변길을 따 라 충청북도 충주시 앙성면 방면으로 걸었다. 단암제 제방을 지나 한강 하구에서 150킬로미터 지점을 지나 계속 걸었다. 2시 30분에 잠시 휴식하며 오늘 일정을 함께한 미술평론가 유홍준 교수의 노 상 강의를 들었다. 이야기의 주제는 '금송錦松'이었다.

박정희 대통령이 학술고문이던 열암 박종홍, 동주 이용희 교수와 이 야기를 나누던 중 단군 이래 최고의 학자가 누구냐고 묻자, 박종홍 교수가 '아무래도 퇴계 선생'이라 했고, 최고의 장군이 누구냐고 묻자 '역시 충무공 이순신'이라고 대답했다. 이에 박 대통령은 단군 이래 문무文武를 대표하는 두 분을 위한 추모 사업으로 도산서원과 현충사 성역화를 대대적으로 추진하였는데 도산서원의 면모가 그때 일신되었다. 정비 사업이 마무리될 때 박 대통령이 참석하여 금송으로 기념식수를 했다.

금송은 백제 무령왕의 관재棺材로 쓰인 바 있고 오래전부터 한반도에도 자생하던 나무이다. 언젠가부터 이 나무가 일본산이라 하여 말이 많았는데 그것은 오해이다. 박 대통령이 심은 금송은 이미 말라죽었다. 그 자리에 다시 같은 종류의 금송을 심었는데 이런 말도 있는 데다가 너무 커져서 도산서당 상당 부분을 가리므로 서원 문밖에 있는 도산서원중수기념비 옆으로 옮겨 심었다.

4시경에 두 번째 휴식을 하며 들은 노상강의의 주제는 '지팡이'였다.

명아주로 만든 청려장
퇴계가 쓰던 지팡이로, 도산서원에 보존되어 있다.
©도산서원선비문화수련원

이곳에 와보지 않은 사람은 한국사람이 아니다

지팡이로 쓰는 재료도 여러 종류가 있는데, 산삼 캐는 심마니들은 잘 부러지지 않는 진달래나무로 만든 지팡이를 좋아한다. 넝쿨나무를 말려 만든 지팡이도 꽤 쓸모가 있다. 해바라기 줄기로 만든 부용장, 학의 다리로 만든 학각장鶴脚杖도 있다. 지팡이는 역시 명아주 지팡이가 제일인데 바로 청려장靑藜杖이다. 서리를 세 번 맞은 명아주를 베어 거꾸로 하여 말리는데 아랫부분에 아령을 달아 구부러진 부분을 바르게 펴야 할 뿐 아니라 좌우 앞뒤로 부목을 대어 곧게 뻗도록 한다. 한 줄기 풀에 지나지 않는 명아주 줄기로 만든 지팡이는 손에 든 것을 잊어버릴 정도로 가벼울 뿐 아니라 수백 년이 가도 썩지 않는다. 퇴계가 짚고 다니던 청려장이 지금도 보존되어 있으나 놀라운 일이 아니다. 하찮은 지팡이 하나 만드는 데도 이런 공을 들여야 하니 사람 같은 사람 키우는 데는 더욱 더 정성을 기울여야 한다.

유 교수의 이야기는 물푸레나무와 소나무로 이어졌다.

물푸레나무는 재질이 워낙 질겨 죄인들에게 형신刑訊을 가할 때 쓰는 곤장을 이 나무로 만들었다. 나무 중에 독한 나무가 소나무인데 소나무가 군락을 이룬 곳에는 다른 나무나 풀이 자라지 못한다.

그는 언젠가 나무답사기를 쓰고 싶은데 특히 도산서원 주위의 나무를 다루고 싶다고 했다. 남한강변의 수려한 풍광에 도취한 유 교수는 마치 국민당과 공산당 간의 내란을 종식시킨 후 만리장성에 오른 모택동이 "부도장성비호한不到長城非好漢", 즉 "만리장성에 오르지 못한 자는 쾌남자가 아니다!"라고 소리쳤던 고사를 원용하듯 "이곳에 와 보지 않은 사람은 한국사람이 아니다!"라고 했는데, 과장이 아닐 정도로 퇴계 귀향길 가운데 백미가 바로 이 코스가 아닐까 싶다. 그 가운데서도 영화 촬영지로 유명한 비내섬과 그 주변의 여울물 소리가 단연 압권이다.

유 교수는 귀향길에 충주에서 퇴계를 맞아 노독을 풀어 준 충청 감사 송당松塘 유홍俞泓(1524~1594)의 후손이다. 유홍은 조선 중기의 문신으로, 뒷날 한성 판윤, 우의정, 좌의정을 역임하였다. 임진왜란 때는 선조의 몽진을 호종한 공을 세우기도 하였다. 유 교수가 태어났을 때 조상 가운데 유홍을 존경했던 아버지가 아들 이름을 홍준泓濬이라 지었다가 문중 어른들의 꾸중을 듣고 하는 수 없이 홍泓 자에서 물 수氵변을 뺀 홍弘 자로 바꾸었다고 한다.

중국과 우리나라는 기휘忌諱라는 풍습이 있는데, 후손은 조상의 이름을 쓸 수 없다는 것이다. 당나라 문호 한유韓愈의 산문 〈휘변諱辯〉이 이 기막힌 일을 다룬 명문이다. 천재시인 이하李賀의 아버지 이름이 '찐수晉肅'인데 이하가 과거에 합격하여 진사進士가 되면 그 발음이 '찐스'여서 아버지 이름과 거의 비슷하기 때문에 이하는 진사시험에 응시해선 안 된다는 것이었다. 향시鄕試에 합격한 이하에게 진사시험 응시를 권했던 한유는 논리정연하게 그 부당성을 지적했다. 그러나 임금의 이름자를 피하는 국휘國諱, 조상의 이름자를 피하는 가휘家諱는 전제군주시대 이후로도 오래 지속되었다. 심한 경우 글자가 달라도 발음이 같으면 쓰지 못하게 했다. 이에 따른다면 유 '홍' 俞泓의 후손인 유홍준은 이 '홍弘' 자도 쓸

수 없다는 것이다.

예천의 망족望族 예천 권씨는 원래 흔昕씨였는데 고려 19대 왕 명종明宗의 초명初名이 흔昕(뒤에는 호晧로 바꾸었다)이었다는 이유로 '흔' 씨를 '권' 씨로 바꾸게 한 것이다. 성리학이 고려에 전파되는 데 공을 세운 회헌晦軒 안향安珦의 이름이 조선 5대왕 문종의 이름 인 향珦과 같다고 해서 안향의 초명인 유裕로 바꾸게 했다. 문종이 즉위한 해는 안향이 죽은 지 144년 뒤인데도 말이다. 오늘날의 관 점으로 보면 황당하지만 당시 사람들로선 이름자를 고수하다간 엄청난 불이익을 당할 수도 있는 심각한 일이었다.

▌충주에서 퇴계를 맞이한 유홍

송당이 충주 가흥창에서 퇴계를 맞이한 때는 1569년 음력 3월 10 일이다. 이듬해 12월 퇴계가 세상을 떠났을 때 조정에서 우승지로 있던 송당이 왕의 제문을 가지고 예안으로 와서 치제致祭하기도 했 다. 이 제문은 퇴계의 제자 덕계德溪 오건吳健이 지었다.

말이 옆으로 새지만, 오건은 "붓 끝에 완전한 사람이 없다", 즉 "필하무완인筆下無完人"으로 유명한 율곡 이이가 《석담일기石潭日記》 에서 칭송을 아끼지 않은 사람이다. 퇴계와 남명도 피하지 못했던 율곡의 침폄針砭을 피한 사람이 누구누구인지 알아보는 것도 재미 있겠다. '목릉성세穆陵盛世'라 일컫는 선조시대의 제제다사濟濟多士 가운데 덕계 오건과 약봉藥峯 이탁李鐸, 건재健齋 김천일金千鎰, 청련

靑蓮 이후백李後白, 그리고 박응순朴應順 등이 운 좋게 율곡의 매서운 필봉筆鋒을 피했다.

　송당의 후손 가운데 일부가 충주 노은면에 세거하였는데 그 가운데 세상에 널리 알려진 사람으로 취헌翠軒 유백증俞伯曾(1587~1646)이 있다. 당파는 서인에 속했지만 현실 대응에서는 편파성을 극복하고 정론을 편 것으로 유명하다. 남인의 영수 용주龍洲 조경趙絅(1586~1669)과 막역한 사이였다. 사실 송당도 명색이 서인이지 당파색이 옅은 사람이었다. 뒷날 안동 부사를 지냈던 송당의 조카 유대수俞大脩는 퇴계의 제자가 되었다. 송당은 퇴계의 제자로 동인에

비내섬
빼어난 풍광을 자랑하는 비내섬은 드라마와 영화 촬영지로도 유명하다.
©도산서원선비문화수련원

이곳에 와보지 않은 사람은 한국사람이 아니다

속했던 약봉 김극일(1522~1585), 학봉 김성일(1538~1593) 형제와도 친교가 있었다. 임진왜란 2년 전인 1590년 김성일이 일본에 사신으로 갈 때, 송당은 한강까지 나와서 전별하고 시를 지어 장도壯途의 안녕을 빌어 주었다.

> 수천 리 바닷길에 한 척 돛단배
> 큰바람 타고 달리며 유유자적하리라.
> 사나이 원대한 뜻 이미 이루었으니
> 이별 자리에서 샘물 같은 눈물 흘릴 일 없어라.

비내섬에서 잠시 휴식한 우리는 퇴계와 송당이 만났던 옛 가흥창 터, 즉 오늘의 종착지인 가흥초등학교를 염두에 두고 남한강변을 거슬러 걸음을 재촉한다. 그런데 선두의 착오로 남한강변길에서 벗어나 내륙을 우회하는 도로로 접어들었다. 앞으로 이러지 않으려면 퇴계가 배로 이동한 남한강을 바싹 따라가는 강변길을 가야 한다. 비내쉼터 바로 옆 비내섬으로 들어가면 강 상류 쪽으로 난 평지 흙길이 있고, 섬 끝에서 서쪽으로 난 낮은 다리를 건너면 남한강변의 풍광 좋은 비내길 2코스, 1코스가 이어진다. 철새 전망대에서 다리를 건너 계속 강변길을 걸으면 가흥초등학교에 도착하게 되는데, 우리처럼 돌아가는 길보다 1시간가량 단축할 수 있다.

하지만 우리는 우회하면서 길옆으로 고가古家가 즐비한 이채로운 풍경을 볼 수 있었다. 아니 그건 풍경風景이 아니라 열두 폭 풍정風情이었다. 한 집 한 집 저마다의 사연이 지붕 위로 모락모락 피어오르는 듯했다. 역사는 그러저러한 것들이 모이고 모여 실체를 갖는다. 저 집들 어딘가에 퇴계의 귀향길과 인연이 닿은 이의 자손이 살고 있을지도 모른다.

어느덧 땅거미가 깔렸다. 우리는 긴 노을길을 그림자처럼 걸었다. 계획된 29킬로미터보다 더 길어진 여정의 끝이 저 어둠 너머에 있었다.

이날 순례에 참여한 아우 김승종 시인(연성대 교수)이 일행에게 오늘의 감회를 기념해 보겠다고 약속하였는데, 퇴계의 겸퇴에 무젖어 하나가 되었던 우리의 인상 깊은 연대와 작은 고행의 끝에서 일어난 의식의 승화를 모두를 대신해 읊었다며 시 한 편을 보내왔다.

매화 향기

뒤축 해진 술 취한 구두 수선 맡기고
주인 바뀐 옛 단골이발소에서
눈 감고 좌정한 채 머리칼 깎이네
삭발 기운으로 자란 4월 귀밑머리에서

서쪽 경복궁으로 남한강은 쉬지 않고 흐르고
다시 1569년 퇴계를 생각하네
동쪽 목계나루로 그해 4월에 또 거슬러 올랐지
연비어약鳶飛魚躍 도산陶山으로 영 돌아가는 길

이곳에 와보지 않은 사람은 한국사람이 아니다

그날 깃들던 아지랑이처럼 우리도 따라가 보았지

실상과 다르다 할수록 명망 커지고
마다하면 마다할수록 벼슬 높아지고
지친 갓이여 얇아진 도포
가흥창의 긴 황금노을이여

달빛도 흐리자 나타난 마지막 곧게 뻗은 3킬로미터
우리는 어느덧 의지하며 말없이 걷고 걸었네
그 길의 끝 어두운 그 끝에서 우리의 뇌수를 두드렸던가
작고 빨랐던 황홀
제자에게 쓴 편지에서 퇴계는 일상에 도道가 있다 하였지
길가 구둣가게로 가며 그 매화 향기 다시 그리워하네
신기료 노인은 술 덜 깬 내 얼굴 쳐다보며
새 굽에 아교가 덜 말랐다며 고개 흔드네

　　숙취 상태에서 이발이 진행되고 해진 구두가 수선되는 세속의
일상과 그날 연비어약 구도求道의 도정이 병치되는 가운데, 시인은
남한강과 가흥창을 배경으로 고결한 품격을 의미하는 '매화 향기'
로 퇴계를 기리며 자신의 각성을 촉진하였다.
　　8시경 드디어 옛 가흥창 객사 자리에 도착했다. 난생처음 하루
에 30킬로미터가 넘는 길을 걸었다. 멀쩡하다, 장하다, 뿌듯하다.
어두컴컴한 운동장 앞에서 우리 일행을 맞이하는 사람들이 있었

다. 유홍의 14대손이며 유백증의 12대손인 유병태 씨 일행이었다. 종친을 대표하여 우리 일행을 환영하러 나왔다고 했다. 분명 이 행사의 총설계자인 도산서원 김병일 원장의 세심한 배려가 있었을 것이다. 능소능대는 이럴 때 쓰는 말인 성싶다. 사위는 캄캄하고 강행군으로 아주 지쳤을 텐데 여기저기서 이야기꽃이 피어났다. 퇴계의 영혼이 보우하사 모두들 정신이 오히려 충일해졌던가 보다.

❖ 김언종

이곳에 와보지 않은 사람은 한국사람이 아니다

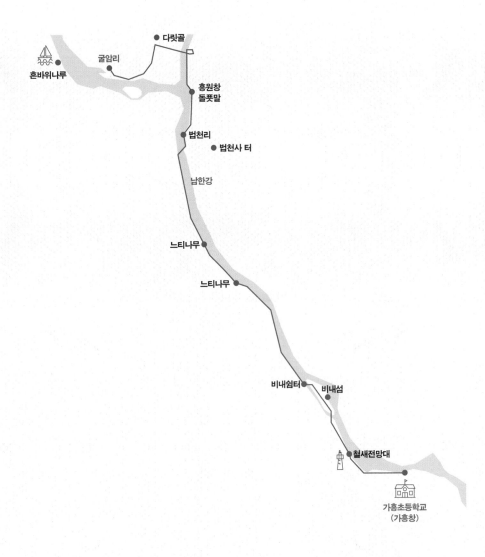

흔바위나루 — 가흥초등학교

다릿골

굴암리

흔바위나루

흥원창
돌풋말

법천리

법천사 터

남한강

느티나무

느티나무

비내쉼터

비내섬

철새전망대

가흥초등학교
(가흥창)

이 구간은 대부분 남한강변의 자전거길을 따라간다. 굴암리에서 다릿골을 지나 섬 강교에 이르는 약 4.3Km의 구간과 비내섬에서 철새전망대가 있는 앙성면 능암리까 지의 약 4Km 구간은 자전거길이 지방도를 따라가면서 남한강변에서 멀어진다. 이 두 곳은 잠시 자전거길에서 벗어나 강변을 따라 걸으면 더 운치가 있다.

높은 산 우러르며
큰길을 간다

가흥창에서 충청감영까지

퇴계를 배우려는 선비들은 물을 따라 걷고 산을 오르면서 요산요수의 이치를
깨달으려고 노력했다. 만일 산의 요령을 터득하지 못하고 물의 근원을 터득하
지 못한 채 옛 분들이 남긴 자취만 따른다면 나의 몸과 마음을 닦음에 그 지식
이 나무꾼이나 목동과 무엇이 다르겠느냐고 반문하였다.

하늘과 땅의 기운을 호흡하며

높은 산 우러러보며 高山仰止
큰길로 가도다 景行行止

이 시는 《시경》 〈거할〉 편의 한 대목이다. 사람마다 제각기 삶에 목적을 가지고 있다. 그런데 대부분의 사람은 자신의 육체적인 욕망을 충족하는 삶에 목적을 둔다. 예를 들어 귀는 아름다운 소리를 듣고 싶어 하고, 눈은 좋은 것을 보고 싶어 한다. 입과 코, 팔다리 등이 가진 욕망도 마찬가지이다. 이러한 목적을 이루기 위하여 허둥대며 살아간다. 그러나 욕망 탓에 때로는 사람의 본성을 잃어버리고 만다. 본성을 잃은 사람의 삶이 이 사회에 끼치는 해악은 이루 다 말할 수 없다.

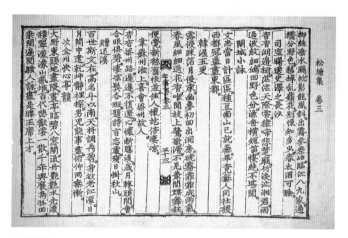

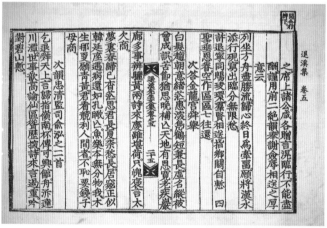

《송당집》과 《퇴계집》

퇴계에게 드리는 시가 실려 있는 유홍의 《송당집》과
퇴계가 유홍에게 준 시가 실려 있는 《퇴계집》이다.
ⓒ한국고전번역원

높은 산 우러르며 큰길을 간다

사람의 신체에서 인간의 욕망을 이길 수 있는 것은 오직 마음이라는 기관뿐이다. 어떻게 마음을 닦아야 욕망을 줄이고 가족과 사회에 없어서는 안 될 사람이 될 것인가. 이 문제를 해결하기 위해서는 다른 방법이 없다. 훌륭한 위인을 통하여, 또는 그들이 남긴 글을 통하여 공부하고 닦아 가는 방법이 가장 바람직하다.

《시경》〈거할〉 편에서 읊은 '높은 산', '큰길'이란 바로 퇴계와 같은 위대한 인물과 그가 걸어간 길을 비유한다. 위대한 인물의 큰길을 따라 걷다 보면 나라는 한 인간이 얼마나 하루살이 초파리 같은 존재인가 하는 깨달음을 얻는다. 이로부터 자신의 욕망을 극복하고 삶의 정신을 바르게 세우는 계기를 얻을 수 있다.

퇴계는 《논어》에 나오는 공자의 말씀 중 "요산요수樂山樂水, 즉 어진 자는 산을 좋아하고, 지혜로운 자는 물을 좋아한다"라는 문구를 매우 좋아했다. 때문에 퇴계를 배우려는 선비들은 물을 따라 걷고 산을 오르면서 요산요수의 이치를 깨달으려고 노력했다. 만일 산의 요령을 터득하지 못하고 물의 근원을 터득하지 못한 채 옛분들이 남긴 자취만 따른다면 나의 몸과 마음을 닦음에 그 지식이 나무꾼이나 목동과 무엇이 다르겠느냐고 반문하였다. 옛 선비들은 길을 걸어도 산을 보면 산세를 살폈고, 물을 보아도 물이 흘러가는 이치를 깨달아 몸을 닦는 바탕으로 삼았다.

퇴계 귀향길 걷기에 참여하겠다는 결심을 한 후 과연 얼마나 걸을 수 있을까 하는 의구심부터 앞섰는데 실제로 걷다 보니 힘들기는커녕 오히려 무르익은 봄기운과 따스한 바람결에 더욱 힘이 솟았다. 퇴계를 우러러보며 그 옛날 그분이 지나간 길을 따라간다고 생각하니 마음이 한결 맑아졌다. 하늘과 땅의 기운을 호흡한다는 것이 바로 이런 느낌이라는 소중한 경험을 했다.

퇴계와 송당 유홍의 특별한 인연

450년 전인 1569년 퇴계는 한양의 두뭇개에서부터 배를 타고 와 음력 3월 10일에 충주 가흥창에서 내렸다.

《퇴계선생연보》에는 "기사년 3월 10~11일 가흥관을 경유하여 달천에서 말을 타고 충주관아 곧 충청감영에 도착, 감사 유홍이 영접하다"라고 기록되어 있다. 퇴계가 도착하였을 당시 충청 감사였던 송당 유홍俞泓(1524~1594)은 퇴계를 정중하게 맞이하였고, 그날의 감회에 대하여 시를 지어 보냈다.

> 백세 흘러 도가 선생에게 있나니
> 북두 이남 드높은 명성이어라.
> 임금님이 국정 맡기시려 하나
> 선생은 고향 강가에서 늙고 싶어라.
> 해와 달 한가로이 보내며
> 고요 속에 우주의 이치 찾으시리라.
> 남아로 할 일 다 할 수 있었나니
> 하늘과 사람에게 부끄러움 없어라.

높은 산 우러르며 큰길을 간다

그 당시 퇴계를 영접한 감사 유홍은 학덕과 경륜이 뛰어난 특별한 인물이었다. 조선 중기 명종과 선조 때의 문신으로 여러 청요직을 거쳐 좌의정까지 지냈다. 또 사은사로 명나라에 가서 시정되지 못한 채 조선조의 묵은 숙제로 남아 있던 '종계변무宗系辨誣'를 바로잡았으며, 임진왜란 때 서울을 고수할 것을 간언하였다. 사계 김장생의 아들인 신독재 김집의 장인이기도 하다.

'종계변무' 란 조선 건국 초기부터 선조 때까지 200여 년 동안 중국 명나라에 잘못 기록된 태조 이성계의 혈통 계보를 고쳐 달라고 주청하던 일을 말한다. 이 일은 고려 말에 조선을 개국한 태조 이성계의 정적이었던 윤이와 이초가 명나라로 망명하면서 비롯되었다. 그들은 명나라에서 이성계가 명나라를 정벌하려고 하였던 고려의 권신 이인임의 후손이라고 속여 말하였다. 이 문제는 외교적으로 대단히 불리할 뿐 아니라, 종통을 틀리게 기록한 것은 왕통의 합법성과 왕권 확립에 치명적인 타격이었다.

그 후 1584년 사신 황정욱이 《대명회전》의 수정된 조선관계 기록 등본을 가지고 돌아옴으로써 수정을 확인만 한 상태였다. 그런데 명나라에서는 수정된 《대명회전》을 조선에 보내 주지 않았다. 1587년, 송당 유홍이 사신으로 가서 마침내 명나라 황제의 친람을 거친 《대명회전》을 정식으로 받아 옴으로써 200여 년에 걸친 '종계변무' 문제를 마무리 지었다.

이 문제를 해결한 한 가지 사실만 보아도 유홍의 인물됨이 어느 정도인지 짐작하기에 충분하다. 그러한 유홍이 퇴계에게 지어바친 시에 헛된 찬사를 하였겠는가. 권력으로 보자면 사임하고 떠나는 분이 아닌가! 오늘날의 관점으로 보면 현직에 있을 때는 누구나 존경하지만 물러나는 사람에게 공경하는 마음을 갖는 사람은 드물다. 시대가 바뀌어도 사람의 마음은 고금의 차이가 없다. 그러므로 송당이 퇴계를 칭송한 찬사는 진정한 마음에서 우러나온 존경이라 하겠다.

시를 조금 더 자세히 보면, 첫머리에 공자 이후 지금까지 백세가 흘렀으나 퇴계 선생이 계시기에 성인의 도가 그대로 전하고 있다 하였고, '북두 이남 드높은 명성'이라는 최고의 찬사를 하였다.

다음 구절은 임금이 국정을 맡기려 하는데 선생은 귀향하는 것에 매우 애석함을 나타냈다. 사실 이 국정이라는 표현은 여러 기록들과 시 원문의 단어 뜻으로 살펴보았을 때 임금이 재상 직을 맡기려 한 것을 나타낸 것이다. 그 다음 경련頸聯에서 한가로운 세월 속에 우주의 이치를 탐구하는 도학자의 정신을 표현한 것은 마치 남송시대에 주자朱子가 북송의 철학자 강절康節 소옹邵雍을 최고로 찬양한 말을 인용한 듯하다. 주자가 지은 소옹 화상 찬 말구는 다음과 같다.

한가로운 가운데 고금의 글이요
고요한 가운데 우주의 이치로다.

마지막 미련尾聯에서 남아로 천하사를 마치고 우러러도 굽어도 부끄러움이 없다는 호탕한 찬사는 아마 퇴계가 선조에게《성학십

높은 산 우러르며 큰길을 간다

도》를 올려 학문을 완성한 큰 뜻을 표한 것이 아닌가 한다. 송당의
시를 받고 퇴계는 다음과 같이 차운하였다.

물러나 쉬기를 빌어 임금님 하직하고
돌아감에 영남으로 향하노라.
가흥관에서 술잔 주고받았고
달천담 거슬러 배 저어갔노라.
세상일에는 고담준론 흠모하였고
선경을 탐방하자는 종용도 받았도다.
보내온 시 말씀이 너무 무거워
읊조리며 푸른 산 마주하니 부끄럽기만 하여라.

퇴계는 항상 겸손하고 상대방을 공경하였다. 이 시의 마지막
표현에서 한 점 사심이 없는 퇴계의 순수한 정신을 엿볼 수 있다.
또한 퇴계는 차운하는 시로 만족하지 않고 스스로 화답의 시 한 수
를 더 지어서 사례하였다.

한양에서 자취 감추던 날이요
충주 땅의 작별 한스러운 봄날이라.
어찌 알았으리 관찰사의 시에서
사슴 무리 속에 있는 이 몸 기억해 주리란 것을.
아름다운 새는 시에 맞춰 노래 읊조리는 듯하고
그윽한 꽃은 먹빛에 비쳐 새롭게 보이도다.

답글 적고 다시 고개 돌려 생각하니

어느 날 다시 만날 수 있으려나.

송당 유홍은 높은 산을 우러러보듯 퇴계를 존경하여 집안의 자제들에게 늘 퇴계의 학문을 배울 것을 권유하였다. 그 영향으로 훗날 안동 부사를 지낸 종질 유대수(1546~1586)는 퇴계의 제자가 되었다. 송당이 아들 유대일(1572~1640)을 퇴계에게 보내어 제자가 되게 했다는 설도 여러 기록에 보인다. 그러나 유대일이 태어났을 때는 이미 퇴계가 작고한 후이기 때문에 연대가 맞지 않는다. 그리고《도산급문제현록》에 유대수의 이름은 분명하게 기록되어 있으나 유대일은 없는 것으로 보아 유대일이 퇴계 제자라고 현재 전하는 기록은 바로잡아야 한다.

「이곳에 오니 형님 생각 사무치네

2019년 4월 15일(음력 3월 11일), 충주 관아공원을 향해 걸으면서 남달랐던 퇴계의 형제 우애에 대해 생각해 보았다. 형제 가운데서 온계溫溪 이해李瀣(1496~1550)와 퇴계 두 사람은 문과에 급제하여 16년 동안 한 조정에서 벼슬하였다. 두 사람 모두 충청도에서 벼슬을 한 적이 있어 이곳과 인연이 많다.

퇴계 형제는 본래 7남 1녀였다. 온계는 퇴계의 다섯째 형이나 셋째 형이 요절하였으므로 보통 넷째 형으로 친다. 퇴계는 형제애가 유별했거니와 숙부인 송재松齋 이우李堣(1469~1517)에게 함께 가르침을 받은 온계와의 우애는 더욱 특별했다.

1548년 10월 온계가 충청도 관찰사로 부임하게 된다. 그때 퇴계는 단양 군수로 있었는데 형님과 같은 관할 구역에 근무하는 것은 서로 피해야 하는 상피相避에 해당하므로 풍기 군수로 자리를 옮겼다. 그 후 온계가 도내를 순시巡視하다가 단양에 이르러 아우가 근무했던 곳에 들러 시를 남겼다. 퇴계는 풍기에서 그 시에 차운하였다.

송재 이우의 영정
퇴계의 작은아버지인 이우의 영정이다.
아버지가 일찍 돌아가셔서 퇴계 형제는
이우의 영향을 많이 받았다.
ⓒ한국국학진흥원

죽령산은 높은데 기러기 그림자 낮게 날아

마치 편지를 전하려는 듯 날아오니 마음이 처량타.

지난해 형님과 침상을 나란히 하여 자던 곳이건만

이 밤 외로이 자다가 새벽닭 울음에 형님을 그리워하노라.

온계가 인종 대에 대사헌으로 있을 때 우의정 이기의 간교함을 탄핵하여 이기가 병조 판서로 강등된 일이 있다. 훗날 이 일이 화근이 되어 큰 고난을 겪게 되었다. 윤원형 등이 을사사화를 일으켜 이기가 다시 정승으로 등용되자 온계가 충청도 관찰사 시절 유신현에서 몰수한 토지와 노비를 사사로이 역적에게 빼돌려 주었다는 누명을 씌웠다. 이 사건으로 온계는 심하게 고문을 받고 유배지로 가다가 양주에서 55세로 세상을 하직하였다. 이 사건은 퇴계에게 치명적인 상처로 남았지만 오직 학문의 힘과 수양으로 이를 극복하였다.

충주 땅을 걸으며 퇴계와 온계의 애틋한 형제애를 생각하면서 문득 오늘날의 사회 현상을 돌아보니, 거의가 한 아이만 낳아 단신으로 자라는 세대들이다. 때문에 형제의 애틋한 정을 느낀다는 이야기가 멀게 느껴질 수도 있다. 그러나 피는 물보다 진하다는 속설은 여전히 진리로 남아 있다. 물론 크게 보면 사해가 다 형제라고 했으니 정은 붙이는 대로 간다고 해 두자.

물길 따라 꽃길 따라

이날 충주 가흥초등학교에서 충주 관아공원까지 약 20킬로미터를 걸었다. 충주의 청풍명월이란 이름만 듣다가 드디어 이번 기회에 남한강을 따라 걸으면서 가슴속에 쌓인 먼지도 털어 내고 세속을 완전히 잊을 수 있었다. 이 경지야말로 사욕이 깨끗이 사라지고, 자연의 이치가 흘러 행하는 가운데 눈이 부딪치기만 해도 도가 있고 온화하고 한가로운 가운데 만물과 함께 흘러가는 기상을 볼 수 있다고 한 옛 선현들의 그 경지가 아닐는지.

가흥초등학교에서 걷기를 시작하면, 바로 학교 뒤의 남한강 강변도로를 따라 길이 이어진다. 퇴계의 자취를 따라 충주시 관아공원으로 향하는 길은 남한강을 거슬러 올라가는 길이다. 자전거도로와 인도를 겸하고 있다. 도로변 오른쪽에는 씨앗을 개종한 대학찰옥수수밭과 감자밭이 끝없이 이어져 신선하기도 하거니와 농부들의 땀방울을 생각하게 한다.

유속이 빠른 남한강의 물살도 장관이지만 여울을 이루며 흐르는 강물 소리 또한 신비롭다. 이곳 사람들이 막흐르기여울이라고 부르는 곳이다. 깊은 산속의 큰 계곡물은 소리가 너무 우렁차서 공포에 가깝지만 큰 강의 물소리는 웅장하면서도 평온한 느낌이다. 이 강물 소리를 녹음하여 선물하고 싶을 정도다.

가흥초등학교 뒷길에서 강가로 약 500미터를 내려가면 가흥정이란 정자가 높게 서 있다. 물론 근래에 세운 건물이다. 이 정자에서 강물을 관람할 수 있다. 그곳에서 약 30분을 걸어가면 목계나루 입구다. 강은 거대한 모래섬을 형성하여 물이 양쪽으로 나뉘어 흘러간다. 때문에 이곳에 이르면 유속이 더욱 빠르고 강물 소리도 더 세차다. 모래섬에는 넓은 자동차 야영장이 이곳저곳 널려 있다. 또한 강변 곳곳에 수상 레저를 즐길 수 있는 곳도 많았다.

이 길을 따라 걷노라면 자주자주 풍경이 바뀌어 전혀 지루하지 않다. 특히 5월에 다시 걸어 보았더니 도로 연변에 황금색 금계국

금계국 꽃길
강버들, 찔레꽃, 붓꽃을 비롯해
희귀한 야생화가 즐비하게 피어 우리를 맞아 준다.
©도산서원선비문화수련원

높은 산 우러르며 큰길을 간다

이 피어나 온통 노란 물결이었다. 금계국의 찬란한 자태는 6월에 절정을 이룬다. 강변을 따라 계속되는 10리 금계국 꽃길은 걸어본 사람만이 그 매력을 느낄 수 있는 장관이다. 어디 그뿐인가. 끝없이 늘어선 강버들 군락지와 찔레꽃, 붓꽃을 비롯해 희귀한 야생초들이 줄지어 꽃을 피워 마치 생태계 공원에 들어선 듯하다.

금계국 만발한 길을 따라 내려가면 38번 국도의 고가도로가 가로지르는 곳을 통과한다. 그곳에서 장자늪을 끼고 약 400미터를 내려가면 사랑바위가 있다. 이 바위에는 애달픈 사연이 서려 있다.

이 마을 부잣집 5대 독자가 아름답고 현숙한 처녀를 신부로 맞이했다. 금슬이 좋았는데 이게 웬일인가, 후사가 없었다. 애가 탄 부모가 첩을 들여 주었으나 아들은 거들떠보지도 않고 아내만을 사랑하였다. 며느리는 자신이 남아 있는 한 남편의 마음이 변하지 않을 것이고, 이 집안의 대가 끊어질 것이라 생각하여 장자못에 몸을 던져 죽었다. 식음을 전폐하고 슬퍼하던 아들도 뒤따라 못에 몸을 던졌다. 그 후 못물이 마르더니 바닥에 박힌 돌들이 드러났다. 남녀의 성기를 닮은 바위 두 개가 바짝 붙어 있고, 작은 바위 여러 개가 주위에 올망졸망 놓여 있었다. 사람들은 젊은 부부가 이승에서 이루지 못한 원을 저승에서 돌이 되어 이루었다 여기며 이 바위를 사랑바위라 부르게 되었다.

우리는 이 이야기에서 후손을 중시했던 과거의 관행을 극복하는 강렬한 부부의 사랑에 감동한다. 비극이긴 하지만 비극을 넘어서는 사랑이 있다. 더 각색하면 조선판 로미오와 줄리엣이 될 수도 있겠다.

목계나루 입구에서부터 1시간 30분을 걸어 장천리 중앙탑휴게소에 도착하였다. 휴게소부터는 충주호 조정 댐을 끼고 599번 지방국도를 따라 걷는다. 40분 정도를 걸어 중앙탑공원에 도착하였다. 공원 주변에 여러 종류의 맛집이 늘어서 있어 충분한 휴식과 식사가 가능한 곳이다. 작가들의 조각 작품이 공원 여기저기 전시되어 있어 여유롭게 돌아보면 좋을 듯하다. 강변에 놓인 탄금대다리도 인기가 많다. 현란한 조명이 켜지는 야경으로 더 유명한 곳이

통일신라 7층석탑
중앙탑공원에 우뚝 서 있는 석탑이다. 공원 강변에 놓인 탄금대다리는 현란한 야경으로 유명해 관광객이 많이 찾아오고 있다.
ⓒ도산서원선비문화수련원

높은 산 우러르며 큰길을 간다

기도 하다. 우리는 중앙탑이라 불리는 통일신라 7층석탑을 관람하고 다시 강변을 따라 걸었다.

여기서부터는 모래섬이 없고, 물이 한데 모여 흐르므로 큰 강을 이룬다. 강변길에서 창동리 고개를 넘어가니 장암丈巖 정호鄭澔를 모시는 누암서원이 나온다. 중앙탑공원에서 약 1시간 20분을 걸어 충주 시내로 들어가는 탄금교에 도착했다. 다리를 건너는 길이 좁아 한 줄로 걸어야 했다. 달천담에서 흘러 내려오는 강물과 남한강 본류에서 내려오는 강물이 합류하여 중국의 거대한 장강을 보는 듯하였다.

충청감영문
충주 관아공원은 충청감영 관아 터에 조성한 공원이다.
ⓒ도산서원선비문화수련원

멀리 문경새재가 바라보이고 왼쪽으로 마즈막재의 산세가 보였다. 탄금대교에서 잠시 쉬면서 탄금호를 바라보며 탄금대의 역사를 한번 더듬어 보다가 그 옛날 퇴계의 귀향 때를 생각해 보니 가흥까지 배로 내려와 가흥관에서 송당 유홍의 영접을 받았고, 달천담으로 거슬러 올라와 배로 강을 건너서 충주 관아로 들어가기 위해 말을 타고 갔음을 알게 되었다.

이제부터는 시내로 들어가는 길이다. 약 30분을 걸어 세계무술공원에 도착하였다. 무술공원 앞에서 새재로 들어가는 자전거길이 나뉘었다. 그곳에서 우회전하면 새재로 가는 길이고, 그대로 직진하면 충주 관아공원으로 가는 길이다. 시내를 통과하는 도중에 국원고와 삼원초등학교를 거쳐 유엔사무총장을 지낸 반기문의 옛집을 지났다.

거기서 충주 관아공원까지 30분을 더 걸었다. 가흥초등학교에서부터 충주 관아공원까지 휴식 시간을 제외하고 걸은 시간은 총 5시간 정도다. 옛날 장수한 노인이 '일행백리日行百里'를 주장하여 매일 백리를 걸었다는데 우리는 그 절반을 걸은 셈이다.

산을 오르는 것은 마음을 씻는 것

21세기 들어 걷기 운동이 권장되고 둘레길, 자락길, 올레길 등 여러 유형의 길이 개발되고 있는데 서울에서부터 안동 도산서원까지 역사적 의미와 아울러 수려한 풍광을 감상하는 퇴계 귀향길 걷기는 여러 가지로 의미가 깊다. 퇴계의 정신을 더듬고 돌이켜 새기면서 우리나라의 금수강산을 체험하면 자신의 발전뿐 아니라 국토를 사랑하는 마음도 배나 더할 수 있음을 새삼 발견하였다. 산수화랑山水畵廊이라는 말은 걸어 본 자만이 실감할 수 있다. 차를 타고 달리는 길에서는 이 말을 실감하기가 어렵다는 것을 걸어 보고서야 깨달았다.

남명 조식이 두류산, 즉 지금의 지리산을 등정한 후 기록한 〈유두류록遊頭流錄〉의 한 대목이 떠오른다.

이름난 산을 오르는 자가 누군들 그 마음을 씻지 않겠으며, 누군들 소인이란 말 듣기를 즐거워하겠는가마는 끝내 군자는 군자가 되고 소인은 소인이 된다. 그러니 명산에 올라 하루의 햇볕을 쬐는 정도로는 군자가 되는 데 아무런 유익함이 없을 것이다. 사람이 선을 행하여 위를 향해 가느냐, 악을 행하여 아래로 향해 가느냐, 이것은 단지 걷는 이 발을 한번 들어 움직이는 사이에 있다.

남명은 퇴계와 같은 해에 태어났다. 같은 경상도 출신이었으나 남도와 북도에 나뉘어 있어 일생동안 한 번도 만나지 못하였고, 서신 교류와 제자들을 통해 서로 글을 교환했다. 퇴계는 남명의 이 글을 읽고 〈조남명의 유두류록 뒤에 쓰다〉라는 제목으로 서평을 썼는데, 위의 대목을 두고 다음과 같이 말하였다.

지극한 논설이다.······참으로 천고에 영웅들의 탄식을 일으킬 만하고, 어둡고 어두운 가운데 귀신을 울게 할 만하다.

　　하루의 걷기를 마치며 남명의 글과 퇴계의 서평에 대하여 잠시 묵상을 해 보았다. 이 발을 한번 들어 움직이는 사이에 선을 망각하고 육신의 욕망으로 향하지는 않았는지, 하루의 햇볕을 쬐는 정도로써 끝내 소인이 되고 말았는지. 우리가 걸을 수 있는 길은 어디든지 있다. 그런데 하필 퇴계 귀향길을 택하여 걷는 이유는 바로 선현의 숭고한 정신을 그분의 자취가 남은 곳에서 조금이라도 더 가까이 다가가서 깊이 느껴 보기 위함이다.

남명 조식의 초상화
퇴계와 남명은 경상좌도와 경상우도에 살면서 한번도 만난 적이 없지만 글을 통해 교류했다.

높은 산 우러르며 큰길을 간다

어떻게 사는 것이 바른 삶인가에 대한 답은 여러 가지가 있을 것이다. 그중 400년이 넘도록 존경하고 추앙하는 위인에 대하여 그 정신을 배우는 방법이 더 효과적이라면 어찌 천 리 길인들 사양할 수 있다는 말인가. 그런데 하루 정도의 햇볕으로는 부족하다는 것이다. 하루의 햇볕이란 말은 본래 맹자가 했던 말이다.

왕이 지혜롭지 못한 것은 이상할 것이 없다. 천하에 아무리 쉽게 잘 자라는 생물이 있더라도 하루만 햇볕을 쬐어 주고 열흘을 춥게 한다면 제대로 자랄 생물이 없을 것이다. 내가 임금을 뵙는 일이 드문데, 내가 물러난 뒤에 임금의 마음을 차갑게 하는 자들이 계속 이르니, 왕에게 선한 양심의 싹이 있다 한들 내가 어떻게 자라도록 할 수 있겠는가.

이 말이 어찌 왕에게만 해당되겠는가. 우리의 마음도 매일 퇴계의 글을 읽고 매일 퇴계처럼 닦아 간다면 분명 선한 사람이 되겠지만, 어쩌다 하루 선한 마음을 가졌다고 해서 양심이 길러지겠느냐는 것이다.

고인들은 조그마한 일이라도 기록을 하였다. 여행을 하면 여행기를, 등산을 하면 유산록을, 벗과 헤어지면 송별서 등의 기록을 남겼다. 기록을 남긴 이유는 자신이 참고하기 위해서이기도 하지만, 후세 사람들에게 자료를 남겨 주어 도움이 되도록 하기 위해서였다. 특히 퇴계는 자신의 활동을 낱낱이 기록했다. 그 기록은 모두 학문 연구의 성과 아니면 후학을 교화하는 내용과 사회 풍속에 대한 염려, 나라의 미래에 대한 근심으로 점철되어 있다. 퇴계문집의 어느 부분을 보아도 도道와 의義로 일관된 글이 기록되어 있다.

　퇴계의 〈유소백산록〉에 나오는 글 중에 "산을 유람하는 사람은 기록이 없어서는 안 될 것이다. 기록이 산을 유람하는 자에게 도움이 된다"라는 대목을 생각하니 오늘의 답사기를 남기지 않으면 하루를 허송한 기분이 들듯하여 부족하나마 짧은 기록을 남긴다.

❖이갑규

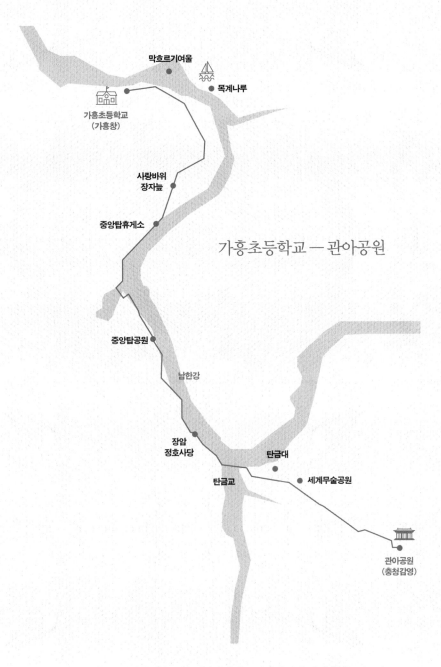

막흐르기여울

목계나루

가흥초등학교
(가흥창)

사랑바위
장자늪

중앙탑휴게소

가흥초등학교 — 관아공원

중앙탑공원

남한강

장암
정호사당

탄금대

탄금교

세계무술공원

관아공원
(충청감영)

가흥초등학교에서 출발하여 탄금교에 이르기까지는 남한강변의 자전거길, 또는 강변의 데크 길을 따라 걷는다. 중앙탑휴게소를 지날 때는 차량 통행이 많은 큰 도로를 끼고 가므로 조심할 필요가 있다. 또한 충주 시내로 진입하는 탄금교는 인도가 확보되어 있지 않으므로 안전에 각별히 유의해야 한다.

한벽루에 올라
청풍호를 바라보니

충청감영에서 청풍관아까지

이곳의 여러 건물은 조선시대 청풍관아 유적들이다. 충주댐 건설에 따른 수몰로 예전 모습 그대로를 볼 수는 없으나 안팎의 수림이 잘 어우러졌고, 터가 우뚝 높아서 사방을 조망하기에 매우 좋다. 특히 이층누각인 한벽루에 올라서니, 청풍호수가 한눈에 들어와 눈앞이 대번에 맑아지고 마음 역시 상쾌하다.

하늘과 사람에게 부끄러움 없어라

1569년 음력 3월 12일, 일찌감치 아침식사를 마친 퇴계는 충청도 감영이 있는 충주 읍성을 나섰다. 이틀 전 충주 관내 가흥창 인근 나루에 도착했을 때, 충청 감사 유홍이 몇몇 관원과 아전을 거느리고 마중을 나와 가흥역관에서 작은 연회를 베풀었다. 아담한 주안상을 마주하고 두 사람은 담소를 나누었다. 송당이라는 별호로 유명한 유홍은 뒷날 여러 요직을 거쳐 좌의정까지 오른 유능한 관료이다.

송당은 임금의 만류에도 불구하고 고향에서 만년을 지내고자 하는 퇴계의 속마음을 누구보다 잘 알고 있었다. 평생을 국정에 매달려 간난신고를 겪은 노정치가, 학문과 수양에 온 힘을 기울여 조선 유학사에 큰 줄기를 세운 대학자, 그 길을 걸어오기까지 굽이굽이 얼마나 험난한 일이 많았을까.

이제는 그러한 짐을 벗고 고향으로 향하는 퇴계의 발걸음을 응원하며 퇴계가 평생 탐구한 심오한 학문을 요약하고, 하늘과 사람에게 부끄러움이 없는 삶이었다는 헌사를 시에 담아 퇴계에게 드렸다. 퇴계 역시 같은 운자를 써서 송당의 찬사에 대한 겸양의 뜻을 담은 시를 지어 그에게 건넸다.

3월 4일에 임금에게 하직인사를 하고 한양 도성을 떠났으니 벌써 여드레가 지났다. 조정의 관리들과 서울의 명사들이 베푼 전별연을 사양하기가 어려워 3월 6일에 겨우 배를 탈 수 있었다. 봉은사 앞에서 뱃길을 잡아 여주강을 지나 충주로 오는 동안은 모춘暮春이라 일컫는 춘삼월이다. 무르익은 봄날이라지만 아직 날씨가 쌀쌀한 데다가 강바람이 유난히 세차게 불었다. 뒷모습을 보이던 한식 추위가 다시 고개를 돌려 옷자락으로 스며들었다. 파랑에 요동치는 배 안에서 몸도 마음도 함께 흔들리며 퇴계는 적잖게 고생을 했다.

그 며칠 뒤 죽령을 넘기에 앞서 단양 장림역에서 맏손자 이안도에게 보낸 편지에 "충주에 도착하여 배에서 내리니, 한기도 가시고 몸의 부기도 빠져서 한결 편안해졌다"라고 쓴 글을 보면, 배 안에서의 여정이 매우 고단했음을 짐작게 한다. 그 전날 퇴계는 충주감영에서 송당의 따뜻한 접대를 받으며 피곤한 몸을 추스렸다.

이날 아침 퇴계는 다시 붓을 들어 이별시를 써서 송당에게 건넸다. 이틀을 함께 지냈을 뿐이지만 정답게 맞이하고, 자신의 속마음을 알아준 송당의 배려에 감사하는 마음과 이별의 아쉬움을 담은 시였다. 퇴계는 충주를 뒤로하고 동남쪽 청풍으로 길을 잡았다. 말구종과 잔심부름하는 하인이 뒤를 따랐다.

한벽루에 올라 청풍호를 바라보니

「배를 타고 사군산수의 절경 속으로

2019년 4월 16일 화요일, 음력으로는 3월 12일이다. 450년 전의 바로 이날, 퇴계가 그랬던 것처럼 우리도 서둘러 길을 나섰다. 그리고 퇴계의 길을 따라 충주를 떠나 청풍으로 향하였다. 충주호선착장에서 청풍나루로 가는 유람선을 타기 위해서였다. 아침식사를 마치고 충주감영 터인 관아공원에 모여 상읍례로 인사를 나누고 하루 일정을 열었다. 우리는 도산십이곡을 함께 읊으며 오늘 일정의 결기를 다졌다.

충주댐 위 마즈막재 표지석
표지석 좌측 아래에 드넓은 충주호가 펼쳐 있다.
©도산서원선비문화수련원

이런들 어떠하리 저런들 어떠하리

초야우생이 이렇다 한들 어떠하리

하물며 천석고황을 고쳐 무엇하리.

천석고황은 퇴계의 은자적인 산수벽山水癖을 가리키는 말인데, 오늘 우리는 그의 발자취를 따라 귀향 당시 청풍에 있던 또 한 사람, 역시 천석고황이 사무쳤던 사람의 옛 터를 찾아간다. 오늘 걷고 나면 귀향길 전체 노정의 절반을 넘어선다. 우리는 오전 7시 정각에 관아공원을 나서 막 떠오르는 아침햇살이 찬란한 동쪽으로 길을 잡았다.

오늘 노정은 특이하다. 450년 전 퇴계는 충청감영에서 청풍까지 말을 타고 육로로 약 25킬로미터를 갔다. 그런데 우리는 이곳부터 충주댐 위 마즈막재 정상까지 5킬로미터를 걷고, 충주호선착장에서 배를 타고 청풍나루까지 뱃길로 간다. 지금까지 퇴계가 배를 타고 이동한 서울에서 충주까지의 뱃길을 우리는 강변길을 따라 걸었다. 마즈막재 이후 퇴계가 말을 타고 지나갔던 단양 초입 장회나루까지는 오히려 배를 타고 충주호 물길을 거슬러 올라간다. 1980년대에 충주댐이 건설된 뒤 옛길이 모두 물속에 잠겼기 때문이다. 그래도 이것이 물 아래 퇴계가 지난 경로에 가장 근접하는 방법이다.

충주 관아공원에서 걷기 시작하여 대원고등학교 앞 대로를 지나면 완만한 오르막길이 시작된다. 이른 아침의 제법 싸늘한 공기가 맑고 신선하다. 출발 뒤 한 시간쯤 지나 '살기 좋은 약막마을'

표석이 있는 마을 입구에서 10분간 휴식하였다. 그리고 대로를 벗어나 마을길로 들어선 뒤 완만한 오르막길을 계속 걸어갔다. 이 길이 끝나는 지점에서 좌측의 대로로 나가야 하는데, 사유지인 작은 밭을 통과해야 한다.

숙소에서 출발한 지 1시간 30분 정도 지나 마즈막재 정상에 올랐다. 길 왼편에 계명산자연휴양림 입구가 보이고, 눈앞에 드넓은 충주호가 펼쳐진다. 퇴계도 이곳에서 잠시 쉬었을까? 아니면 내처 남한강 가를 따라 청풍으로 향하였을까?

충주호선착장
이곳에서 유람선을 타고 청풍나루를 거쳐 단양으로 올라가는 물길 주위에는
월악산, 금수산, 도락산, 황장산의 봉우리가 첩첩이 이어지는 절경이다.
ⓒ도산서원선비문화수련원

그런데 우리는 이곳에서 서북쪽 방향 하류 남한강 건너편에 자리한 충주호선착장으로 길을 잡아 빙 돌아가야 한다. 종댕이길이라는 강변 둘레길이 물안개 속에 고즈넉하고 좋아 보였으나, 이 길은 남한강 하류로 향하기 때문에, 예전에 퇴계가 갔던 길과는 반대 방향이다. 여기서부터 차를 타고 꾸불꾸불한 강변 좌우의 길을 돌아 십여 분 남짓 뒤 선착장에 도착하였다.

마즈막재에서 충주호 오른쪽 길을 따라 청풍 방향으로 3킬로미터쯤 더 가면 '고향가는길' 선착장이 있다. 충주호 수몰 때문에 연안의 성묘길이 막힌 지역의 원주민을 위하여 수자원공사가 기증한 배가 기착하는 곳이다. 이곳을 이용하면 충주호선착장으로 돌아가는 공연한 수고를 피할 수 있고, 무엇보다도 퇴계의 발자취에 근접한 길을 조금 더 걸을 수 있다. 그러나 수몰민을 위한 선박이므로 일반인은 이용할 수가 없다. 귀향길 노정에서 다소 아쉬운 부분이다.

충주호선착장에서 승선 수속을 마치고 9시 50분에 청풍행 유람선에 올랐다. 계명산을 뒤에 두고 충주호 상류로 기운차게 거슬러 올라간다. 우안에는 멀리 월악산 봉우리가, 좌안에는 충주와 제천, 청풍 관내의 봉우리가 구불구불 이어진다. 조금 더 올라가면 단양의 금수산, 도락산, 황장산으로 이어지는 아름다운 산이 호수 좌우에 벌여 있다. 이제 청풍을 시작으로 제천, 단양, 영춘 사군산수四郡山水의 선경으로 들어갈 참이다. 사방의 명산을 조망하면서 꿈같은 정경을 눈에 담고 있는데 어느새 청풍나루에 도착했다. 한 시간 동안 남한강의 충주호 물길 20여 킬로미터를 거슬러 올라온 것이다.

한벽루에 올라 청풍호를 바라보니

구담봉의 주인 성암 이지번

충주를 떠난 퇴계는 두어 시간 뒤 청풍 땅을 밟았다. 청풍 초입인 옛 황강역에서 청풍 군수 성암 이지번李之蕃(1508~1575)이 퇴계를 기다렸다. 그는 퇴계와 오래전부터 마음을 주고받은 막역한 벗이니 퇴계와 조금이라도 빨리 만나고자 서둘러 나왔을 것이다.

청풍은 퇴계에게 낯선 곳이 아니다. 1542년 재상어사로서 충청도 각지를 시찰할 때 관아의 응청각에서 유숙한 적도 있고, 1548년 5월 이웃 고을인 단양 군수로서 이곳을 방문하여 한벽루를 돌아본 적도 있다. 청풍은 이미 낯익은 곳이지만 이번에 퇴계가 굳이 이곳을 방문한 이유는 마음의 벗 성암이 군수로 재직하고 있었기 때문이다.

성암은 토정비결을 지었다는 이지함의 형이고, 선조 때의 정승인 아계 이산해의 아버지이다. 고려 말 조선 초의 명유 목은 이색의 후손으로 대대로 서울에서 살았다. 성암은 명종 때 벼슬을 버리고 단양으로 내려와 도담에서 살았다. 당시의 척신 윤원형이 재주가 뛰어난 이산해를 자기 사위로 삼으려 했기 때문이라고 한다. 이와 관련해 민인백의 《태천집》에 나오는 일화를 소개한다.

이지번의 아들 산해는 일곱 살에 병풍에 글씨를 썼고, 열두 살에 문과 초시에 급제하면서 이름을 날렸다. 하루는 윤원형이 이지번을 불러 물었다. "당신 아들이 문장과 글씨에 뛰어나다고 들었소. 내가 사위로 삼고 싶은데 당신 생각은 어떠시오?" "내 아들은 아직 처도 언지 못했는데 더구나 첩이라니요." 이지번은 한마디로 거절하고 집으로 돌아와 짐을 꾸려 단양으로 내려갔다. 조정에 있으면 윤원형에게 해를 당할 게 불 보듯 뻔했기 때문이다.

본시 기생 출신으로 윤원형의 첩이었다가 정실부인이 된 정난정을 본래 신분대로 첩이라 부르고, 그 딸을 아들의 처로 받아들일 수 없다고, 당대의 권력자인 윤원형에게 대놓고 바른 소리를 한 것이다. 성암의 강직함을 보여 주는 일화이다.

성암이 단양으로 내려오자 당시 예안에 살던 퇴계가 소식을 듣고 구담이 은거하기 낫다고 알려 주었다. 퇴계만큼이나 천석고황이 들었던 성암이다. 그는 즉시 구담으로 옮겨가 그곳에서 오랫동안 살았다. 그래서 당시 사람들은 그를 구선龜仙, 구옹龜翁이라는 별호로 부르기도 하였다.

퇴계의 귀향 두 해 전인 1567년 임금 자리에 오른 선조는 재야의 선비들을 여럿 등용하였다. 이때 퇴계가 성암을 조정에 추천하였으나 벼슬에 뜻이 없던 그는 사양하고 나가지 않았다. 퇴계가 구담과 가까운 청풍 군수라도 하라고 권유하자 마지못해 그 자리를 받았던 터였다.

《선조수정실록》 8년(1575) 12월 1일 조에 그 즈음에 세상을 떠난 성암에 대한 기사가 실려 있다.

이지번이 벼슬을 버리고 아우 이지함과 함께 단양 도담 가에 은둔하여 살면서 학문에 열중할 때 이황이 그와 벗이 되어 도학으로 권면

한벽루에 올라 청풍호를 바라보니

하였다. 금상 초년에 이지번을 청풍 군수에 제수하여 예전 은거한 곳 가까이 살도록 하였다. 이황이 강권하니 이지번이 취임하여 고을을 잘 다스렸고, 그가 떠난 뒤에 백성들이 사모하여 송덕비를 세웠으며 후인들이 그 풍절을 오래도록 숭상하였다.

생애의 후반을 은자로서 살았고, 중년과 말년에 잠깐 벼슬살이를 하였으나 낮은 관직에 지나지 않았음에도 이러한 기사가 국가 기록에 실린 것이다. 더구나 《선조수정실록》은 선조 승하 직후인 광해군 초에 편찬되었던 《선조실록》을 수정한 것인데, 이 책의 완성년도는 1657년이다. 성암의 졸년이 1575년인데, 그로부터 82년

청풍나루 선착장
청풍나루 가는 길에 벚꽃이
흐드러지게 피었다. 행사에 참여한
이호신 화백의 그림이다.
©이호신

이나 지난 뒤에 새로 편찬된 실록에 성암의 죽음과 함께 그의 인품과 행적을 기리는 문자가 실린 것을 보면 뒷사람들이 오래도록 성암을 기억하고 있었음을 알 수 있다.

시인 묵객이 사랑한 한벽루

우리 일행이 청풍나루에 도착하니, 선착장에서 땅으로 오르는 기다란 계단 위 언덕에 벚꽃이 흐드러지게 피었다. 성암의 후손인 이문원 교수와 이은규 선생 등 한산 이씨 문중의 인사들이 나와 우리를 반갑게 맞이했다. 퇴계 귀향 당시 성암이 선생을 환영하였을 때의 정경도 이러하였을까?

구한말의 우국지사로서 건양 이후에 안동 관찰사를 지냈던 수당 이남규(1855~1907)의 증손자인 이문원 교수는 교육학자로서 일찍이 독립기념관 관장을 지냈다. 한산 이씨 문중 인사들과 반갑게 인사를 나누고 청풍문화재단지 정문인 팔영루 앞으로 옮겨가 퇴계와 성암 두 사람이 청풍에 남긴 자취와 기록, 그리고 청풍 산수에 대한 이야기를 들었다. 관광객의 발길이 끊이지 않는 구담봉 일대가 성암 이후 대대로 한산 이씨 문중의 소유이며, 현재도 등기부에 올라 세금을 낸다고 한다.

최근 성암의 후손인 한산 이씨 수당 문중에서 한국학중앙연구원에 기탁한 자료를 담은 《고문서집성》을 보니, 성암의 아들 이산해의 현손 이운근 이후 근대를 살았던 수당의 세대에 이르기까지

한벽루에 올라 청풍호를 바라보니

이백 수십여 년의 오랜 세월에 걸쳐 성암의 자손들은 온갖 곡절을 무릅쓰고 구담 일대 조상의 유지를 지키기 위하여 큰 정성을 기울였던 것을 알 수 있었다.

　이곳의 여러 건물은 조선시대 청풍관아 유적들이다. 충주댐 건설에 따른 수몰 때문에 가까운 언덕 위 현재의 터로 이건한 것이 1984년의 일이다. 때문에 예전 모습 그대로를 볼 수는 없으나, 단지를 조성한 지 이미 30수년이 지나 안팎의 수림이 잘 어우러졌고, 터가 우뚝 높아서 사방을 조망하기에 매우 좋다. 특히 이층누각인 한벽루에 올라서니, 청풍호수가 한눈에 들어와 눈앞이 대번에 맑

한벽루
작자 미상의 그림이다.
한벽루는 고려시대부터 시인 묵객들의 발걸음이 끊이지 않았던 명소이다.

아지고 마음 역시 상쾌하다.

고려시대부터 명소였던 한벽루는 오래된 목조 건물이라서 평소에는 많은 사람들의 단체 입장이 허용되지 않는다. 오늘은 이상천 제천 시장의 각별한 배려로 한벽루를 이용할 수 있게 되었다. 조선시대에도 청풍을 지나는 명사들, 특히 시인 묵객들이 자주 찾았던 곳인데, 문화재단지 조성 이후로 이렇게 많은 사람이 한꺼번에 이곳에 오르기는 이날이 처음이었으리라.

우리는 이곳에서 제천의 유림과 청풍 주민들에게 450년 전 이곳에서 퇴계와 성암의 만남과 두 분의 평생에 걸친 교유, 그들이 남긴 시문을 소개하는 시간을 가졌다. 동행하였던 칼럼니스트 조용헌 선생은 청풍에 대해 "산 좋고 물도 좋아, 금과 수의 기운이 잘 어우러져 맑은 기운이 넘치는 곳이다. 이곳에 와 보니 성암의 아우 토정 이지함과 같은 이인異人의 공부처가 여기였음을 바로 알 수 있다"라고 하였다.

이날 나의 오랜 벗이며 저명한 한국화가인 권기윤 화백과 이호신 화백이 전통차 전문가 정헌식 선생과 함께 찾아와 우리 행사를 지켜보았다. 실경 산수화를 즐겨 그리는 권 화백은 우리보다 앞서 도착하여 청풍호 전경을 화폭에 담아 둔 참이었고, 이 화백은 우리들이 모여 있던 한벽루 주변과 청풍나루로 떠나는 재현단 행렬을 화폭에 담아 보내 주었다.

청풍면에 있는 여관에서 여장을 풀고 저녁식사를 마친 우리는 조용헌 선생과 이날 합류한 세 친구와 함께 어울려 문학과 역사, 예술과 사상 등 옛날과 오늘을 넘나드는 담화를 종횡무진으로 펼

한벽루에 올라 청풍호를 바라보니

치며 탁배기 사발을 기울였다. 한산 이씨 문중에서 넉넉하게 주고 간 소곡주는 진즉에 바닥이 났다. 우리 모두 퇴계의 발자취를 따라 성암의 옛 터를 찾아왔으니, 오늘의 아름다운 모임은 450년 전에 두 사람이 맺어 준 인연이 아닐 수 없다.

퇴계와 성암 이지번의 교유

퇴계와 성암은 매우 절친한 벗이었으니, 청풍에서의 만남 또한 특별하였을 것이다. 그러나 두 사람이 무슨 대화를 하였고 어디를 함께 다녔는지 등 그 행적에 대한 자세한 기록이 없다. 그러나 두 사람 모두 은사隱士의 삶을 지향하였고 산수에 대한 애호가 각별하였으니 충분히 유추해 볼 수는 있다. 청풍은 어디든 간에 눈이 닿는 곳마다 푸른 산 맑은 물이었으니 멀리 가지 않더라도 한가롭고 여유 있는 선경을 즐겼을 것이다.

성암은 38세인 1545년 인종 원년에 문음門蔭으로 벼슬에 올라 장례원 사평을 지냈다. 그 즈음 퇴계와 한윤성이라는 벗과 함께 세 사람이 잠두봉에 올라 술을 마시면서 놀다가 하룻밤을 함께 지냈다. 당시 퇴계의 시 〈이이성, 한사형과 함께 잠두봉에 올라갔다가 유숙하다〉에 "집에서 빚은 술 천 잔을 마신들 어떠리, 잠시 관노의 젓대를 빌려서 부노라"라는 구절이 있다. 젊은 시절에는 퇴계도 마음 맞는 벗들과 더불어 도도한 주흥을 즐겼음을 알 수 있다.

시 제목의 '이성而盛'은 성암의 자이다. 이후에도 퇴계는 그를 지칭할 때마다 이지번이라는 성명을 쓰지 않고 늘상 '이성'이라는 자를 썼다. 이것만 보아도 두 사람이 참으로 격의 없는 사이였음을 충분히 알 수 있다.

내가 일찍이 관리 되어 단양에 은거할 때
몇 번이나 비선飛仙을 끼고 꿈속에 노닐었나.
듣건대 도담에 이제 주인이 있다 하니
응당 예전의 내 풍류보다 나으리라.

퇴계가 도담에 은거하는 성암에게 보낸 시이다. 전에는 내가 단양 군수로서 그곳의 산수를 즐겼는데 이제 그대가 주인이 되었

구담봉
퇴계의 벗 성암 이지번이 한때 은거했던 곳이다.
©도산서원선비문화수련원

한벽루에 올라 청풍호를 바라보니

으니 나보다 더 즐겁게 지낼 것이라는 덕담을 건넸다.

성암이 퇴계가 사는 예안으로 찾아오기도 했다.

생각해 보면 예전에 그대가 내 집에 들렀을 때
가을바람 부는 하수에서 마주앉아 술을 마셨지.
지금은 홀로 누워 그대를 그리워하는 곳에
시월 국화만 동산에 가득 피었구려.

〈도담 이이성에게 부치다〉라는 시이다. 시어 중의 하수霞岫는 안동 도산 하계마을의 뒷산인 자하봉이다. 그런가 하면 성암이 구담으로 옮겨 간 뒤, 퇴계는 서울을 오가는 길에 그 앞을 지나면서 〈아침 일찍 가는 길에 구담을 바라보며 짓다〉와 〈구담龜潭〉이라는 시를 지어 성암을 그리워하는 마음을 담았다.

성암이 청풍 군수로 부임할 때에도 시를 지어 보내 오랜만에 벼슬하는 그를 축하하였다.

잘 가시오 청풍 군수여
구담의 옛 주인이로세.

그런데 이상의 시들은 모두 퇴계가 마지막 귀향 이전에 지은 것이고, 귀향 당시의 시로는 〈구담을 지나면서 이이성에게 장난삼아 지어 주다〉와 〈이성이 폭포의 승경을 말하다〉 두 편만 전한다. 이 시들은 청풍에서 하루 유숙한 뒤 단양을 향하여 길을 떠났던 3

월 13일에 지은 것이다.

그 시에는 공교롭게도 이날 비가 내리기 때문에 아름다운 경치를 충분히 볼 수 없음을 아쉬워하는 내용이 담겨 있다. 아쉽기는 성암도 마찬가지였다. 성암이 가까운 곳에 폭포가 있으니 함께 구경 가자고 이끌자, 퇴계는 "사직하고 돌아가는 길에도 장애가 많아, 구름 사이 들어가 실컷 놀지 못하네"라는 시를 남기고 단양으로 향하는 발길을 재촉하였다.

✦ 안병걸

관아공원 — 청풍문화재단지

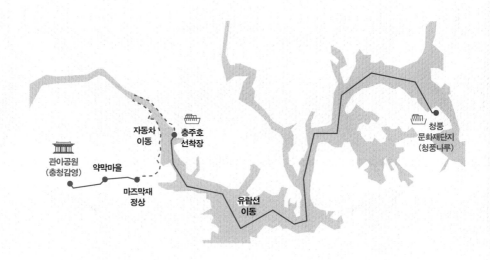

관아공원에서 동쪽으로 난 큰 길을 따라 약 6Km 직진하다가 완만한 오르막길의 끝 마즈막재 정상까지는 6차선의 넓은 대로를 벗어나 약막마을 안 길을 이용한다. 마즈막재에서 충주호수로를 따라 11Km를 더 가야 배를 타는 곳이 나오는데 이 길은 퇴계의 귀향길이 아니므로 차를 이용하는 것도 좋다. 충주호선착장에서 청풍나루까지 관광유람선을 이용한다. 단 동절기인 11월 중순에서 3월말까지는 관광유람선이 다니지 않는다. 이때는 충주 시내에서 청풍 또는 단양의 장회나루까지 가는 버스를 이용한다.

퇴계는 뭍길로
우리는 물길로

청풍관아에서 단양향교까지

뱃길 오른쪽에 차례로 옥순봉玉筍峯과 구담봉龜潭峯이 나타난다. 더할 나위 없
이 아름다운 경치에 우리 모두 탄성을 자아냈다. 두 봉우리의 장엄한 비경 속에
성암 이지번이 은거하였다고 한다. 옥순봉은 퇴계가 새로 솟은 죽순 모양이라
하여 이름을 붙인 것이다.

「마음의 벗과 시를 주고받으며 작별하다

1569년 음력 3월 13일, 퇴계는 청풍 군수 성암 이지번李之蕃과 함께 충청도 청풍을 떠나 단양으로 향하였다. 두 사람은 어제 주안상을 마주하고 밤늦도록 회포를 풀었으리라.

3월 4일 한양을 떠난 퇴계는 충주에 도착할 때까지 서울에서 배를 타고 남한강을 거슬러 왔다. 배가 심하게 흔들리기도 하고, 때로 봄비와 꽃샘바람이 몰아치고, 힘들게 노를 젓는 뱃사공들의 모습을 보며 그야말로 몸도 피로하고 마음도 편치 않았을 것이다. 어제 충주를 나서면서는 드디어 뭍길이다. 말을 타고 여유롭게 좌우 산천을 바라보며 감회에 젖어 시상을 떠올리며 단양으로 향하였을 것이다.

《동국여지승람》을 보면 청풍군 관아에서 동쪽으로 단양군 경계까지가 39리이고, 단양군 관아에서 서쪽으로 청풍군 경계까지 22

리이니 청풍 관아에서 단양 관아까지는 61리이다. 조선시대 십리는 5.517킬로미터이니 지금의 거리 척도로는 대략 33.6킬로미터이다. 바삐 걸어도 하루 종일 걸리는 거리이다.

청풍을 떠나 단양으로 향하는 길에 구담을 지나면서 퇴계는 함께 가고 있던 성암에게 시를 지어 주었다. 제목은 〈구담을 지나면서 이이성에게 장난삼아 지어 주다〉이다. 이성은 이지번의 자字이다.

구담은 예전처럼 가은성을 두르고 있는데
속세 떠난 이가 지금 나와 동행하고 있네.
당시에 놀던 자취 지팡이 짚고 함께 찾는데
산 앞에 갑자기 비 묻어 오니 어쩌면 좋을꼬.

첫째 구의 가은성은 제천과 단양 사이에 있는 가은암산에 소재한 산성으로, 고려 말기에 단양·청풍·제천 사람들이 왜구를 피해 이곳으로 피난하였다고 한다. 어쩌면 은자들이 숨어 살기에 좋은 곳이었으리라. 둘째 구의 속세 떠나 산속에 사는 사람은 성암을 가리킨다. 성암은 한때 서울 벼슬살이를 그만두고 이곳 구담으로 내려와 은거했던 적이 있다. 늦은 봄날, 구름이 갑자기 주위를 어둡게 할 정도로 몰려와 비를 뿌려서 성암이 예전에 유람하던 곳을 퇴계에게 자랑하고 싶었으나 그럴 수 없었으니 안타깝기 그지없다.

구담봉이 단양 서쪽으로 9킬로미터 지점인 단성면 장회리에 있으니 성암은 퇴계와 함께 청풍–단양 경계를 넘어 여기까지 왔던 것이다.

옥같이 맑은 시내 위 옥 물줄기 걸려 있어
잡초 헤치고 그대가 동천을 드러냈네.
벼슬 놓고 가는 길 되레 장애 많으니
구름 사이에서 좋은 놀이 만들지 말게나.

퇴계가 읊은 〈이성이 폭포의 빼어난 경치에 대해 말하다〉이다.
옥 같은 시내에서 옥 같은 폭포가 쏟아지고 있다. 성암이 한때 그
곳에 땅을 일구어 별천지를 이루고 살았었다. 조금 전에 내린 비로
냇물이 불어나 폭포의 경치가 더욱 아름답다. 벼슬을 내려놓고 고
향으로 가는 퇴계의 마음은 벌써 안동 도산에 가 있건만 성암은 남
의 속도 모르고 자꾸만 발길을 더디게 한다. 성암은 퇴계에게 자신
이 은거했던 곳을 자랑하고 싶기도 하고 작별이 아쉬워 잠시 비갠
사이에라도 함께 유람하고 싶었던 것이다.

성암은 이곳까지 배웅하고 임지인 청풍으로 말머리를 돌렸으
리라. 몇 번이나 뒤돌아서서 퇴계의 뒷모습을 바라보았을까? 이번
작별이 마지막이 되지는 않을지. 차마 발걸음이 떨어지지 않았을
것이다. 이제 성암도 청풍으로 돌아가고, 퇴계는 홀로 단양을 향해
길을 재촉한다.

「퇴계는 말을 타고 우리는 배를 타고

450년 전 퇴계가 서울에서 도산으로 귀향하는 그 날짜에 맞춰

2019년 4월 17일(음력 3월 13일) 우리는 청풍문화재단지를 출발하여 청풍호 유람선 청풍선착장까지 1킬로미터를 걸어가서 유람선을 타고 13킬로미터 물길을 달려 장회나루선착장까지 이동한다. 퇴계가 말을 타고 갔던 길을 우리는 배를 타고 간다. 지금의 물길이 옛날의 뭍길과 가장 비슷한 길이다. 그리고 배에서 내려 다시 9킬로미터를 걸어서 단양향교까지 가는 일정이다.

10시 정각에 청풍선착장에서 배를 타고 출발하여 장회나루로 향하였다. 옛길이 이제는 호수 아래 잠겨 있다. 그야말로 상전벽해, 뽕밭이 푸른 바다 같은 호수로 변한 것이다. 배 위에서 유람선

청풍호선착장
이곳에서 유람선을 타고
단양의 장회나루까지 뱃길로 이동한다.
ⓒ도산서원선비문화수련원

해설자의 안내에 따라 호수 양옆의 경치를 구경하였다. 20여 분 뒤에 월악산국립공원의 도화리 앞을 지나니 뱃길 왼쪽 멀리 금수산 자락에 얹힌 정방사가 시야에 들어온다. 금수산은 원래 '흰 바위 산'이라는 뜻의 백암산이었는데, 퇴계가 단양 군수로 부임하여 이름을 바꾸었다.

이어서 뱃길 오른쪽에 차례로 옥순봉玉筍峯과 구담봉龜潭峯이 나타난다. 더할 나위 없이 아름다운 경치에 우리 모두 탄성을 자아냈다. 두 봉우리의 장엄한 비경 속에 성암 이지번이 은거하였다고 한다. 옥순봉은 퇴계가 새로 솟은 죽순 모양이라 하여 이름을 붙인

옥순봉
퇴계가 새로 솟은 죽순 모양의 봉우리라 하여
이름을 붙인 것이다.
ⓒ도산서원선비문화수련원

것이다. 이 옥순봉과 구담봉 사이에 속칭 농암聾巖이라는 바위가 있다. 앞면에 퇴계의 시가 새겨져 있으나 지금은 물에 잠겨 직접 볼 수는 없다.

> 푸른 강물과 붉은 산 그 경계
> 누각에 바람 맑고 달빛 밝은데,
> 신선은 기다려도 오지 않으니
> 애석하게 혼자 배로 돌아오네.

퇴계 이황·두향의 사랑이야기 공원
두향이 거문고를 타고 퇴계가 저만큼 서서 감상하는 모습을
형상화한 조형물이 설치되어 있다.
ⓒ도산서원선비문화수련원

당시 퇴계는 말을 타고 강가를 따라가며 위로 경치를 바라보았고, 지금 우리는 배를 타고 산의 허리쯤에서 경치를 옆으로 바라보며 간다. 우리가 탄 유람선은 물길 13킬로미터를 시속 20킬로미터의 속도로 달려 45분 만에 목적지인 장회나루선착장에 도착하였다. 이 길을 육로로 걸어서 간다면 3~4시간 걸린다.

퇴계 마지막 귀향길 구간의 상당부분은 길이 없어지거나 노선이 바뀌고 넓혀지고 아스팔트로 포장되었다. 그러나 청풍—장회나루 구간은 옛길이 물속에 그대로 잠겨 있다. 옛길을 아스팔트가 아닌 물로 포장한 물길이다. 그 물길을 유람선이 미끄러지듯 다니고 있다.

동절기에는 유람선을 운행하지 않는다. 그럴 때는 두 가지 방법이 있다. 일정과 체력 등이 넉넉하면 청풍문화재단지에서 장회나루까지 찻길 20.4킬로미터를 5시간 정도 걸을 수 있다. 청풍문화재단지에서 출발하여 남쪽 방향으로 82번 도로를 따라 12.6킬로미터 정도 걸어가면 수산사거리를 만난다. 여기서 동쪽 방향으로 36번 도로를 따라 7.8킬로미터를 더 걸으면 장회나루휴게소에 도착하게 된다. 중간의 수산사거리 부근은 수산면 소재지로서 식당과 마트는 있으나 여관 등 묵을 곳은 없다. 묵을 곳은 장회나루휴게소까지 가야 찾을 수 있다. 퇴계 마지막 귀향길에서 벗어난 이 도로 구간을 걷지 않는다면 충주터미널에서 단양 가는 시외버스를 타고 가다 장회나루에서 내려 걷기 시작하면 된다.

장회나루에서 배를 내려 장회나루휴게소로 올라오면 호수 쪽으로 '퇴계 이황·두향의 사랑이야기 공원'이 보인다. 그곳에 두향이 거문고를 타고 퇴계가 저만큼 서서 감상하는 모습을 형상화한 조형물과 퇴계와 두향의 러브스토리가 12개의 돌비에 새겨져 있다.

　두향이 단양의 기생이라는 설은 퇴계보다 약 150년 뒤에 단양 군수를 지낸 수촌 임방任埅(1640~1724)의 〈두양묘杜陽墓〉라는 시에서 비롯되었는데, 이름도 '두향'이 아니고 '두양'이며, 퇴계와 관련짓지도 않았다. 그 뒤 호사가들의 시에 더러 등장하기도 하고, 구한말의 심암 조두순趙斗淳, 운양 김윤식金允植과 현대 소설가 정비석 등이 두 사람의 관계를 정인情人으로 묘사하였으나 정설은 아니다. 호수 건너편 오른쪽 산기슭에 앉은 두향의 묘소가 오늘따라

탁오대 암각자
탁오는 '나를 씻는다'는 뜻이다.
퇴계가 자연암석에 글씨를 새기고 매일 그곳에서 자신을 돌아보았다고 한다.
ⓒ도산서원선비문화수련원

선명하게 보인다. 두향 할머니가 후세 사람들이 두런두런 자신의 뒷담화하는 소리를 다 듣는 건 아닐까?

우리는 장회나루휴게소에서 점심을 먹고 단양향교를 향해 발걸음을 옮겼다. 목적지까지는 9킬로미터이다. 벚꽃으로 물든 도로를 따라 이름 모를 산새들의 노랫소리를 들으며 두 시간 넘게 걸었다. 오후 2시 30분에 단성면 소재지에 들어서서 단양향교를 지나 조금 내려가다가 오른쪽으로 꺾어 오르막길을 올라가 단양수몰이주기념관 앞뜰에 도착하였다. 기념관은 1990년에 건립되었으며 이곳에는 옛 단양의 모습을 담은 사진들이 전시되어 있다. 기념관 마당 끝에는 역시 수몰을 피해 옮겨온 옛 단양의 유적들인 탁오대, 복도별업 암각자를 위시해 여러 개의 비석이 나란히 서 있다. 비석 중에는 단양 군수를 지낸 퇴계의 제자 금계錦溪 황준량黃俊良 (1517~1563)의 송덕비도 있다.

탁오濯吾는 '나를 씻는다'는 뜻으로 "창랑의 물이 맑으면 갓끈을 씻고 흐리면 발을 씻는다"는 굴원의 〈어부사〉에서 따온 글귀이다. 퇴계가 자연암석에 손수 글씨를 새기고, 매일 그곳에 가서 손발을 씻으며 피로를 풀고 자신을 돌아보았다고 한다. 복도復道는 '천지자연의 도가 반복한다'는 뜻도 있고 '도를 회복한다'는 뜻도 있다. 별업은 별장과 같은 말이다. 퇴계가 군수로 있을 때 논밭에 물을 대기 위해 복도소復道沼라는 저수지를 만들었는데, 물이 맑고 깨끗하며 경치가 좋아 작은 별장을 지었다고 한다. '탁오대'와 '복도별업' 글씨가 퇴계의 것이 아니라는 의견도 있다.

단양의 절경을 시에 담다

퇴계는 1548년 1월 중순에 단양 군수로 부임하여 그해 5월에 상급 관청에 보고하는 일로 배를 타고 이웃 고을인 청풍에 갔다 왔다. 기록을 보면 "하진下津에서 배를 타고 단구협을 나와 구담을 거쳐 화탄花灘을 내려왔다"는 구절이 나온다. 현재 지명으로 적성면 하진리가 있는데 하진은 충주호 공사로 수몰되어 정확히 어느 곳인지 알지 못하나, 당시 단양군 관아에서 배를 타기에 가장 가까운 곳이었을 것이다.

그 다음 경유지로서 단구협은 단양 풍광의 별칭으로 많이 쓰이는 곳으로, 지금의 장회나루와 그 건너편의 구담봉 시작 지점이다. 청풍에 도착한 퇴계는 〈한벽루寒碧樓를 바라보며〉라는 시를 지었다.

> 한벽루 높다랗게 자색 하늘에 솟아 있는데
> 개울 건너 마주하니 구름 병풍 펼친 것 같네.
> 막 개인 저녁 외로운 배에 기대어 바라보니
> 거울도 안개도 아니고 온통 푸른색 덮였네.

한벽루는 지금 청풍문화재단지 안으로 옮겼으나 본래는 청풍면 읍리에 있었다. 한寒은 차갑다는 뜻으로 물이 맑다는 것이고, 벽碧은 푸르다는 뜻이니 산이 푸르다는 것이다. 따라서 한벽은 맑은 물과 푸른 산을 뜻한다. 물과 산이니 산천이고 강산이며 산수이고 천석이다. 온 천지가 푸르다. 송처관이 지은 〈한벽루기〉에도

"산천이 기이하고 빼어나서 남도의 으뜸이 된다"고 하였다.

한벽루가 하늘 높이 솟아 있고 강 너머로 구름처럼 첩첩 겹쳐진 산봉우리들이 병풍처럼 펼쳐져 있으니 어찌 아름답지 않겠는가. 비 갠 저물녘에 홀로 배에 기대어 한벽루를 바라보니 거울 같은 강물과 안개 낀 높은 산이 온통 푸른빛이다.

청풍에서 용무를 마치고 단양으로 되돌아오는 길에 퇴계는 오언절구 여섯 수를 지었다. 세 곳의 탄灘과 세 곳의 담潭을 만났는데 그때마다 시를 지은 것이다.

맨 먼저 삼지탄三智灘이다. 삼지탄은 청풍군 수산면 능강리를 싸고 도는 남한강의 지류인 능강 앞에 있는 여울이다. 삼지탄은 한자로 세 가지 명칭이 있는데 의미를 따져 보면 삼지탄三砥灘은 지주砥柱 세 개가 여울 한복판에 있다는 것이고, 삼지탄三之灘은 물이 그곳을 지날 때 갈 지之 자 모양으로 흐른다는 것이며, 삼지탄三智灘은 아래 시 3, 4구에서 말하였듯이 이러한 여울을 배가 지나려면 상당한 지혜가 필요하다는 뜻이 된다.

천둥소리는 그 누가 화를 내는 소리인가
사나운 암석 거친 물줄기 막는 소리이지.
물살 빠른 곳은 가까이하기 힘들 것이라
물가 따라 천천히 배를 끌고 올라가네.

성난 천둥소리가 날 정도로 삼지탄의 물살이 급한 것은 강물 속에 사납게 생긴 바위가 버티고 서 있기 때문이라고 하였다.

여울을 지났으니 다음에는 당연히 담을 만나게 된다. 바로 도토담都土潭이다.

흰 구름 푸른 산에 가득하고
붉은 해 맑은 물에 비치누나.
위는 밝고 아래는 맑은 곳에
한 척의 작은 배 아득하구나.

시의 내용으로는 담 이름의 유래를 짐작할 수 없다. 혹시 모양이 돼지 같아서 '돼지'의 방언인 '돗'에서 그 이름이 유래한 것이 아닌가 싶다. 첫 번째 구와 두 번째 구는 푸른 산에 가득 낀 흰 구름과 맑은 강물에 거꾸로 비친 해로 짝을 이루고 있다. 이렇게 맑고 밝은 곳에 자그마한 배 한 척 외로이 떠간다. 한 척의 작은 배는 퇴계 자신을 말하는 게 아닐까?

이어서 또 담을 만난다. 이번에는 내매담乃邁潭이다.

매미소리 구슬 물고 노래하는 듯하고
해 그림자 금빛 물결에 일렁이네.
조촐한 술자리 함께할 사람 없지만
가벼운 바람만 편안히 배를 보내네.

담의 이름이 '내매'이니 내매는 매미 우는 소리가 아닌가? 음력 5월이니 매미가 한창 요란하게 울 때이다. 해가 강물에 비치니

금빛 물결이 일렁인다. 조촐한 술자리에 대작할 사람 없는데 산들 바람 불어 배만 절로 나아간다. 역시 쓸쓸하다.

연이어 담이 둘이니 그 사이에 여울이 있었을 것이나 그 여울 이 그다지 크지 않아 건너뛴 것 같다. 이번에는 여울을 거슬러 올라야 한다. 화탄花灘이다.

> 권세와 이익 다투어 먼저 차지하려는 듯
> 깎아지른 바위 사이로 뭇 물줄기 다투네.
> 못된 사람은 나라를 뒤엎을 수 있고
> 못된 여울은 배를 뒤집을 수 있다네.

화탄은 '꽃여울'이라는 뜻으로, 청풍군 수산면 괴곡리 서쪽 옥순봉 앞에 있다. 고지여울 또는 관탄串灘이라고도 한다. 옛 이름이 고지여울이었는데 고지가 '꽃〔花〕' 또는 '꼬치〔串〕'로 변했을 것이다. 여울의 모습이 '꽃'보다는 '꼬치' 같이 생겨서 가늘고 뾰족하다고 하였다. 이 뾰족한 바위들 사이로 흐르는 여러 물줄기가 서로 앞서려고 다툰다. 물만이 앞서려고 다투는 게 아니다. 사람들도 다툰다. 못된 사람은 다투기를 좋아하여 나라를 뒤집을 수도 있다. 여울의 물살도 급하면 지나는 배를 뒤집어 버릴 수 있다.

여울을 거슬러 올라왔으니 이번에는 담을 만난다. 구담龜潭이다.

> 우러러 수려한 학봉을 바라보고
> 아래로 구담에 흐르는 물 살펴보네.

어떻게 하면 저 신선을 불러내어

달 밝은 밤 조각배 희롱할 수 있을까.

구담은 단양군 단성면 장회리에 있는 소沼이다. 소 가운데 바위
와 주위 절벽의 돌이 거북처럼 생겨 이렇게 이름을 붙였다. 주위에
구담봉이 펼쳐져 있어 단양팔경 중 으뜸이다. 학봉은 구담봉 북쪽
의 세 봉우리로 강가에 우뚝 솟아 있다. 이 세 봉우리를 채운봉彩雲
峯, 현학봉玄鶴峯, 오로봉五老峯이라고 한다. 층암절벽이 기묘하게
생겨서 신선이 학을 타고 구름 사이로 나는 모양이다. 위로 수려한

장회나루
청풍나루에서 배를 타고 장회나루로 오는 동안
담潭과 탄灘이 번갈아 나타난다.
ⓒ도산서원선비문화수련원

학봉을 바라보고 아래로 구담의 강물을 살펴본다.

담을 지나왔으니 역시 여울을 힘겹게 올라가야 한다. 마지막 장회탄長會灘이다.

> 있는 힘을 다해 조금은 나아갔으나
> 손을 놓으니 흐름 따라 떠내려가네.
> 그대에게 청하노니 올라갈 마음 있다면
> 여울을 거슬러 오르는 배를 똑똑히 봐 두게나.

장회탄은 단양군 단성면 장회리 아랫마을 북쪽에 있는 여울이다. 장회여울이라고도 한다. 청풍에서 남한강을 거슬러 단양으로 노를 저어가니 노 젓는 힘이 다해 앞으로 나아가기가 쉽지 않다. 잠시 노에서 손을 놓으니 배가 도로 떠내려간다. 어떤 목표가 있다면 여울을 거슬러 올라가는 배를 잘 살펴보아야 한다고 훈계한다. 여기까지 오면 강물이 얕아 배가 더 이상 갈 수 없으므로 배에서 내려 육로로 단양 관아까지 갔으리라.

한편 퇴계가 원운으로 삼았던 류운柳雲의 시는 다음과 같다.

> 저 흉하고 못난 돌들 모두 주워다가
> 맑은 물 흐르는 곳에 평평히 깔아서,
> 바람도 잡고 또한 바다 신도 가두고
> 그런 뒤에 나의 배 마음껏 띄우리라.

류운(1485~1528)의 본관은 문화이고, 자는 종룡從龍이며 호는 항재恒齋이다. 위 시를 지었을 당시 류운은 충청도 관찰사로 좌천되어 근무하던 중이었다. 나중에 관직이 대사헌에 이르렀다. 퇴계가 류운의 시 운자로 무려 여섯 수를 지은 것은 그 내용과 시대 상황에 크게 공감하였기 때문이 아닌지 추측해 본다.

산수향 단양과 실로 인연이 있구나

퇴계가 단양 군수로 오기까지는 우여곡절이 많았다. 1534년(중종 29) 문과에 급제한 퇴계는 처음 2년 동안은 정9품 예문관 검열, 정8품 승문원 저작, 정7품 승문원 박사, 정6품 성균관 전적 등으로 승진하며 평탄하게 벼슬살이를 시작했다.

그러나 혼탁한 중앙정치 무대에 환멸을 느껴 1536년(중종 31) 지방관으로 내려가고 싶다는 의사를 밝혔으나 김안로의 반대로 무산되었다. 1544년 6월에는 고성 군수를 자원했으나 허락받지 못했고, 1545년(인종 1) 10월 을사사화 때는 이기李芑에 의해 관직이 삭탈되는 위기를 맞았다. 이때 이기의 조카 이원록李元禄이 적극 구명에 나서 위기를 넘기고 정3품 사복시 정에 임명되었다. 1547년 안동 부사에 임명되었으나 사양하고 부임하지 않았다.

퇴계는 1548년(명종 3) 1월에 단양 군수로 부임하였다. 임명된 날짜는 1547년 12월 30일이었다. 옛날에는 보통 지방으로 발령이 나면 준비하는 기간과 송별회 등으로 한두 달 후에나 부임했다. 또

212

험지로 가게 되면 어떻게든 면해 보려고 시간을 끌며 여기저기 청탁을 넣어 다른 지역으로 옮기는 경우도 흔했다.

그런데 퇴계는 예정했던 1월 18일이 아닌 1월 10일에 서둘러 한양을 떠났다. 이즈음 마침 윤원형의 심복인 진복창의 집 앞을 지나게 되어 들어갔는데 그가 퇴계를 자기 사람으로 만들기 위해 중앙에 있게 해 주겠노라 제안했던 것이다. 깜짝 놀란 퇴계는 날짜를 앞당겨 떠났다. 실제로 진복창이 상소하여 퇴계 같은 인재를 지방으로 보내는 것은 옳지 못하다 했고, 사헌부에서도 시종신에 합당한 사람이니 지방으로 보내지 말라고 간언했으나 명종은 피폐한 고을을 구휼하기 위해 보낸다고 답했다.

단양향교
퇴계는 1548년 1월에 단양 군수로 부임하여 백성 구휼에 온 힘을 쏟았다.
ⓒ도산서원선비문화수련원

단양에 도착해 민정을 살피니 전해에 큰 흉년이 들어 백성들이 굶주림과 병마에 시달리고 있었다. 퇴계는 백성 구휼에 온 힘을 쏟았다. 워낙 업무 처리가 간결하고 투명해서 아전이나 백성들 모두 의지하고 따랐다. 부임한 지 한 달여 지난 2월에 둘째아들이 죽었다는 소식을 접했으나 슬픔에 빠질 겨를도 없었다. 퇴계는 앉아서 일하는 행정가가 아니었다. 고을 구석구석을 다니며 눈으로 확인하고 대책을 강구했다.

수령으로 나왔으나 게으름이 부끄럽고
궁한 백성 봄이 오니 나의 걱정 불어나네.
붉은 벼랑 남은 눈을 두루 밟고 달렸다가
비낀 해 어지러운 뫼 돌아오며 시 읊는데,
봄바람에 풀 자라는 걸 사람들이 부러워하고
자유로운 해오라기는 나와 함께 놀지 않네.
열 집 작은 고을에 흉년마저 들었으니
예악인들 그 풍속 바꿀 수 있을 건가.

〈매포창에서 가난한 사람들에게 곡식을 나누어 주고 저물녘에 돌아오면서 말 위에서 짓다〉라는 제목의 시이다. 《신증동국여지승람》에 "매질포買叱浦는 군 북쪽 25리에 있으며 관사館舍가 있다"고 하였다. 지금 단양군 매포읍 매포리에 창마을이라는 곳이 있으니 매포창이 있던 마을일 것이다. 매포창은 매질포, 즉 매포에 있는 곡식창고이다.

이 시는 매포창에 비축되어 있던 곡식을 어려운 백성들에게 나누어 주고 관아로 돌아오는 길에 지은 것이다. 지금까지 대궐에서만 근무하다가 처음으로 외직인 단양 군수로 나와 보니 백성들이 보릿고개에 굶주리고 거기다가 흉년마저 들어 예禮나 음악 같은 것으로 교화시킬 상황이 아님을 안타까워했다는 것을 알 수 있다.

퇴계는 민생을 살피기 위해 산과 들을 오가는 사이사이 저절로 아름다운 산수에 젖어들었다. 산과 봉우리, 바위, 대臺, 강 등을 관상하며 의미를 살려 아름다운 이름을 붙였는데 그 명칭이 지금까지 이어져 오고 있다. 그 이름들로 인해 단양의 산수가 더 이목을 끌지 않았을까 생각해 본다.

퇴계는 1548년 10월 아홉 달 남짓 근무한 단양을 떠나 죽령을 넘어 풍기 군수로 사리를 옮긴다. 형 온계溫溪 이해李瀣가 충청도 관찰사로 부임하게 되어 관례에 따라 상피相避한 것이다. 퇴계가 죽령에 이르렀을 때 단양의 관원들이 삼麻다발을 가지고 달려와서 이것은 관가 밭에서 기른 것이라 관례상 드리는 것이니 노자로 쓰시라고 했지만 퇴계는 물리치고 초연히 길을 떠났다.

이때 퇴계의 이삿짐은 책상자 2개와 옷보따리 1개, 그리고 단양에서 구한 수석 2개뿐이었다. 그로부터 한 해 뒤 풍기 군수직에서 물러나 고향으로 돌아온 퇴계는 책을 담아 왔던 상자를 관아에 반납하였다.

그로부터 9년 뒤인 1557년(명종 12) 퇴계의 애제자 황준량이 단양 군수로 부임하여 그해 5월 고을의 실정을 면밀히 조사하여 해결책을 제시하는 〈단양진폐소〉를 올렸다. 5,000여 자에 달하는 장문의 상소는 듣는 이의 심금을 울리는 절절한 내용이었다. 명종은 그 뜻에 감동하여 10년 동안 세금을 면제해 주는 특단의 조치를 내렸다. 그 후 뿔뿔이 흩어졌던 백성들이 돌아와 농사에 힘쓰게 되어 고을이 차츰 본래 모습을 되찾게 되었다.

스승과 제자가 같은 고을을 맡아 목민관의 헌신과 전형을 제시한 것은 흔치 않은 경우이다. 그러나 1563년 제자가 먼저 병으로 세상을 등졌다. 퇴계는 만시와 제문은 물론이고 명정까지 손수 써서 제자의 영혼을 위로하였으며, 문집까지 간행해 주었다. 스승으로서 그야말로 무한사랑을 베푼 것이다.

❖ 권갑현

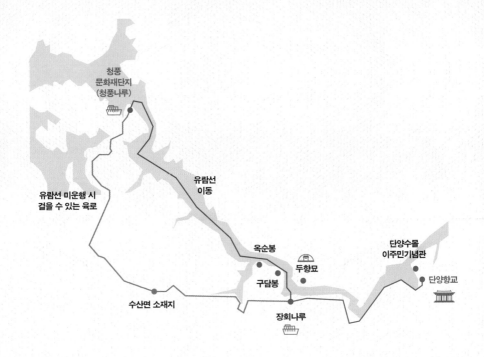

청풍나루에서 단양군 장회나루까지는 관광유람선을 이용한 뱃길을, 장회나루에서
단성면 소재 단양향교까지는 남한강변의 육로를 따라서 걷는다. 장회나루에서 단
양향교까지 걷는 길은 남한강변을 따라가는 국도로서 차량 통행이 많은 편이고, 큰
고개를 두 번 넘어야 하는 길이다. 특히 인도가 확보되어 있지 않아 각별히 안전에
유의해야 한다. 이 지도에서는 유람선 미운행시 걸을 수 있는 길을 추가해 표시하
였다.

두려운 벼슬길
정녕 넘기
어려웠네

단양향교에서 죽령을 넘어 풍기관아까지

서늘한 새벽 즈음 창락역으로 향하니 죽령은 삐죽삐죽 공관은 그윽하네.
땅 쓸고 향 태우니 병든 잠자리 외롭고 바람 막으며 우는 가을 매미 많기도 하네.
옛날에는 탄식하였네, 두려운 길 정말 가기 어려웠노라고.
지금은 한탄하네, 쓸모없는 재목 잘못 거두어짐을.

죽령을 넘으며 형님을 그리워하다

1569년 음력 3월 14일, 퇴계는 새벽에 일어나 아침밥을 뜨는 둥 마는 둥하고 서둘러 충청도 단양군 단성을 출발하여 경상도 풍기로 가는 60리 노정路程에 나섰다. 이날 노정에는 귀향길 가운데 가장 높은 죽령竹嶺을 넘어야 하는 고단함이 기다리고 있었다. 도산과 한양을 오가며 수없이 넘어본 죽령이지만 어쩌면 마지막이 될지도 모를 이날의 고개 넘기에는 남다른 감회가 있었을 것이다.

죽령을 기준으로 북서쪽에 자리를 잡은 청풍과 단양, 제천과 영춘 네 고을 가운데 산수의 으뜸인 산수향山水鄉 단양에서는 20여 년 전 군수로 재직한 바가 있다. 그 시절 단양의 명승을 관람하며 수많은 시를 남기고 기존 지명의 이름을 바꾸기도 하였다. 특히 단양 적성과 제천 청풍에 걸쳐 있는 백암산白巖山을 아름다운 비단을 수놓은 듯하다고 금수산錦繡山으로 개명한 것이 대표적이다.

퇴계는 넷째 형인 온계溫溪 이해李瀣(1496~1550)의 충청도 관찰사 부임으로 상피相避를 하기 위해 단양 군수를 사임하고 풍기 군수로 자리를 옮겼다. 상피는 친족 또는 관계가 있는 사람이 같은 곳에서 벼슬하는 일이나 재판, 시험관 등을 피하는 것을 말한다. 형님이 충청도에 높은 직분을 띠고 부임하였으므로 혐의를 피하기 위해 퇴계가 다른 도로 옮겨간 것이다. 이래저래 많은 추억이 서려 있는 두 고을은 아스라이 높은 죽령을 경계로 고개 북쪽에는 단양이, 고개 남쪽에는 풍기가 자리하고 있다.

퇴계는 죽령고개를 오르기 전에 맏손자인 이안도李安道에게 편지를 보낸다. 이 편지에서 퇴계는 경기도 여주로부터 충청도 단양

죽령 옛길
죽령을 경계로 북쪽에는 단양이, 남쪽에는 풍기가 있다.
ⓒ문화재청

에 이르는 노정 동안의 기후가 순조롭지 못했던 점과 자신의 건강 상태, 《성학십도聖學十圖》 가운데 서명도西銘圖의 추가 개정 문제 등에 대해 손자에게 어떻게 대응해야 하는지를 자세하게 일러주고 있다. 마치 손자를 앞에 앉혀 놓고 이것은 이렇게 처리하고 저것은 저렇게 대응하라고 자세하게 가르쳐 주는 자상하면서도 주도면밀한 할아버지의 모습이다.

험준한 고개의 북쪽 사면을 어떻게 올랐는지에 대해서는 자세한 기록이 없어서 알 수 없으나 분명 죽령 고갯마루에 올라서는 가쁜 숨을 몰아쉬며 고단한 발걸음을 잠시 멈추고 그 옛날 소백산 국망봉國望峯에서 서울을 바라보며 지었던 시에서와 같은 마음으로 서울 하늘을 바라보았을 것이다.

막막한 연기구름에 늦은 해 생기는데
용문산도 보이지 않는데 하물며 대궐문이랴.
임금님 계시는 대궐을 알고자 하여
하늘가 저 멀리 한 줄기 산자락을 바라보네.

국망봉을 두고 지은 세 수 가운데 첫 번째 작품이다. 서울을 바라보며 임금을 연모하는 망경연군望京戀君의 감회를 잘 노래하고 있다. 죽령고개를 넘어오는 이번 걸음에는 그 어느 때보다 임금을 그리워하는 마음이 깊었을 것이다. 왕위에 오른 지 얼마 되지 않은 어린 선조 임금의 만류를 뿌리치고 도산으로의 귀향을 서둘렀던 자신의 몰인정함을 새삼 절감하고 퇴계는 《성학십도》의 완성을 통해 그런 마음의 빚을 갚고자 했는지도 모른다.

퇴계에게는 선조가 짐작하지 못하는 나름의 계획이 있었던 것이 분명하다. 그것은 바로 인생의 마무리를 아름답게 해야 한다는 것이다. 이 점은 귀향 후 도산에서 퇴계가 한 일을 보면 충분히 짐작할 수 있다. 그간 미루어 두었던 많은 사람들의 다양한 부탁, 젊은 시절부터 썼던 수많은 글에 대한 정리, 무엇보다 태산과 북두칠성처럼 믿고 의지하려던 어린 국왕에 대한 마지막 충심忠心과 성력誠力을 담은《성학십도》를 더 보완하려고 한 것 등이 그것이다.

단양에서 죽령으로 올라오는 오르막길보다 다소 힘이 덜 드는 죽령고개 내리막길 어느 모퉁이에 이르러 퇴계는 옛날 생각을 하며 깊은 감회에 젖었을 것이다. 20년 전 충청도 관찰사인 온계 형님과 풍기 군수로 재임하던 퇴계는 이 골짜기에서 만나 형제간의 깊은 정을 나누었다.

그때 퇴계는 이곳 대의 이름, 골짜기와 다리 이름을 붙이고 시를 지어 작별하였다. 잔운대棧雲臺와 촉령대矗泠臺, 안영협雁影峽과 소혼교消魂橋 등이 퇴계가 지은 이름이다. 주고받은 시 속에서는 내년에 다시 만나 형제간의 정을 나누자고 했는데, 그것이 그만 이승에서의 마지막이 되고 말았다.

그리도 사랑하고 의지했던 넷째 형님을 이승에서는 만날 수 없는 기막힌 현실 앞에서 퇴계의 심정은 어떠했을까? 시를 나누며 내년에 다시 만나자고 철석같이 약속했건만 형님은 모함에 걸려 귀양길 도중에 죽고 말았다. 오랜 시간이 흐른 뒤 그 추억 어린 현장을 다시 걷는 퇴계의 심정은 허무함 그 자체였을 것이다.

이윽고 고갯길을 다 내려와 인근 아홉 개 역을 관장하는 창락역昌樂驛에 들러 잠시 휴식을 취했다. 노구를 이끌고 여러 날을 오느라 몹시 피곤하기도 했지만 그래도 꿈에도 그리던 고향 도산이 얼마 남지 않았다고 생각하니 절로 힘이 난다. 다시 지친 걸음을 옮겨 도솔봉 산발치에 어스름이 내려앉을 즈음 마침내 예전에 1년 가까이 근무했던 낯익은 풍기관아에 도착했다.

충청도의 산수, 경상도의 산수

2019년 4월 18일(음력 3월 14일), 오늘은 퇴계 귀향길 가운데 가장 높은 죽령을 넘는 힘든 날이란 것을 예감한 탓인지 모두의 얼굴에는 다소간 긴장감과 비장함이 감돌았다. 전날 단양호텔에서 숙박하고 이른 조반을 마친 우리는 차를 타고 단성향교 바로 위에 있는 단성면사무소에 집결하여 간단한 몸풀기를 한 후 단성향교로 내려가 본격적인 걷기에 나섰다.

20여 분을 걸어 단양군 단성면 북상리 두악공원에 이르니 대강면에서 내려오는 죽령천이 막아선다. 다리를 건너서 갈 수도 있으나 바로 우회전을 하여 죽령천을 따라 걷는 것이 훨씬 운치 있어 보였다. 겨울에는 좀 황량할 듯도 한데 나머지 계절은 죽령천을 따라 걷는 것이 단조로움을 덜어 줄 것이다. 물론 여름철에 장마가 져서 물이 불어나면 위험천만하니 개울가로 내려가면 안 된다.

30여 분을 더 걸어가면 이윽고 북상교가 나온다. 죽령천을 따라 내처 걸어가고 싶지만 사유지가 가로막고 있고 길도 없어서 아쉬움을 뒤로한 채 좌회전하며 북상교를 건너서 우회전으로 대강면을 향하여 발걸음을 옮긴다.

그렇게 20여 분을 걸으면 죽령천과 남조천이 만나는 지점 부근에서 사인암舍人巖으로 들어가는 장림사거리를 만난다. 여기서 곧바로 죽령 쪽으로 직진하여 장림보도교를 건넌다. 곧장 걸어서 대강농공단지로 들어가는 작은 다리를 건너자마자 좌회전하면 커다란 느티나무 밑에 있는 소백산자락길 3구간을 안내하는 큼지막한 안내판이 우리를 반갑게 맞이해 준다.

계속해서 걸어 중앙고속도로 진입로 교량과 고속도로 본 교량 밑을 통과하며 일종의 안전위치 표시인 현위치 번호 죽령 5번에서 12번까지 헤아려 가며 지나면 한지역사박물관이 있는 용부원 1리 마을의 다목적 광장에 도착하게 된다. 장림보도교를 출발하여 족히 한 시간 넘게 걸어온 거리이다. 여기에서 잠시 휴식을 취하고 본격적인 고개 넘기에 나서는 게 좋다. 이후로는 이 광장만큼 휴식 시설이 잘 갖춰진 곳이 없다.

단구제지 옛날 공장을 지나 이 마을을 통과할 때 족히 100여 년은 훨씬 넘어 보이는 대추나무 한 그루를 포함하여 여러 그루의 대추나무를 볼 수가 있다. 여태까지 다른 지역에서는 이 정도 수령의 대추나무를 본 적이 없다. 그야말로 벼락을 맞은 대추나무로 도장을 만들면 사업 운수가 좋다는 말만 들었지 대추나무가 벼락을 맞을 수 있을까 하는 의문을 평소에 품고 있었는데 용부원1리 마을에 있는 대추나무를 보면서 그 말이 터무니없는 소리가 아니라는 생각을 하게 되었다.

커다란 대추나무를 뒤로하고 동네 빨래터에서 좌회전하여 용부원1리 경로당을 지나 30여 미터 정도 가니 길을 막고 있는 집이 있어서 그 집 앞에서 왼쪽으로 꺾어 다시 죽령천으로 내려갔다. 냇가에는 2톤은 족히 넘어 보이는 징검돌 9개가 가로질러 놓여 있어서 개울을 건널 만하였다. 그러나 만약 장마철이라도 만나 갑자기 쏟아진 소나기로 개울물이 불을라치면 이 징검다리로는 건너기가 위험해 보인다. 하루빨리 제대로 된 다리가 놓이면 좋겠다는 생각을 해 본다.

이 죽령천 개울을 건너 10여 미터 정도 올라가면 갈림길이 나온다. 직진하면 약간 가파른 계단 207개 끝에 커다란 느티나무가

용부원1리의 대추나무
수령이 100년은 넘었음직한 거대한 대추나무이다.
ⓒ도산서원선비문화수련원

있고 그 나무 밑 길 건너편 바위에 '행군수정기대영세불망비行郡守鄭基大永世不忘碑'란 각자刻字가 있는데 마모가 심해 알아보기가 어렵다.

정기대가 누구인가 하니 바로 그 옛날 퇴계가 귀향길에 오른 첫날 밤을 보낸 한강변 동호 가의 몽뢰정 주인인 임당林塘 정유길鄭惟吉(1515~1588)의 후손이라고 한다. 바위 곁 안내판에 그의 간략한 행적이 적혀 있다. 이런 인연을 죽령고개를 넘는 퇴계 귀향길에서 또 만나다니 사람의 인연이란 참으로 알다가도 모를 묘한 것이란 생각이 든다.

시간적인 여유가 있다면 이곳에 들러 구경하고 다시 내려와 갈림길에서 좌회전하여 가도 좋다. 시간적인 여유가 없다면 곧바로

행군수정기대영세불망비
옛날 이 지역 군수를 지낸 정기대를 기리는 불망비이다.
ⓒ도산서원선비문화수련원

두려운 벼슬길 정녕 넘기 어려웠네

우회전하여 가면 된다. 죽령천을 오른쪽으로 끼고 숲 아래로 호젓하게 난 길로 접어들어 물소리를 들으며 300여 미터 정도를 걸어가면 아주 근사한 출렁다리가 눈앞에 나타난다. 튼튼하게 만든 출렁다리라서 무서워하지 않아도 되지만 그래도 다리는 다리이기 때문에 순간의 방심이 예상치 못한 화를 불러올 수도 있으니 조심하면서 건너는 게 좋다.

《명심보감》에 "생각과 생각은 애오라지 전쟁에 임한 날과 같이 하고, 마음과 마음은 항상 다리를 건널 때와 같이 하라念念要如臨戰日, 心心常似過橋時"라는 구절이 있다. 그렇다. 매사에 조심해서 나쁠 것은 없다. 다리 하나를 건널 때에도 정신을 집중하고 마음을 수렴하는 지경持敬의 자세를 가져야 한다. 이 출렁다리를 건너면서 그 옛날 퇴계가 경敬을 그토록 강조한 이유가 어디에 있는지를 생각해 보는 계기가 되었으면 좋겠다.

출렁다리를 건너 왼쪽으로 언덕을 조금 오르면 이제부터 본격적으로 고단한 영로嶺路를 경험하게 된다. 우리 일행은 높은 고개를 넘는 만큼 여장을 단단히 꾸렸는지, 마음의 각오를 단단히 했는지 점검하고 서로를 격려하며 길을 나섰다.

죽령고개 북쪽 사면 고갯길 초입으로 접어들었다. 힘든 아흐레의 여정을 함께 겪은 탓인지, 아니면 동고동락을 겪는 사이 저절로 길동무의 동지애가 생겨서 그런지 몰라도 모두가 스스럼없이 대화를 나누며 앞서거니 뒤서거니 나아간다. 누가 먼저랄 것도 없이 어떤 이야기를 꺼내면 곧바로 그 주제와 관련된 것에 대해 아는 사람은 마치 뽕잎을 다 먹고 사령기四齡期를 보내어 몸빛이 약간 노랗게 변한 누에가 실을 거침없이 토해 내듯 줄줄이 이야기보따리를 풀어놓는다.

특히 퇴계와 관련된 이야기는 그동안 많은 이야기를 나누어 바닥이 보일 만도 한데 화수분처럼 끝없이 이어진다. 정말 다양한 전공을 한 학자들이 함께 길을 걸으면서 자기가 알고 있는 이야기를 한 가지씩만 털어놓아도 이야기의 풍성함은 이루 말로 다 표현할 수 없을 정도로 다양하다. 그야말로 '길 위의 인문학', '걷기의 인문학'이란 것이 바로 이런 것이다.

또한 평소에는 잘 생각나지 않던 사람의 이름이나 사건, 사실의 내용도 여러 날을 걸으면서 누적된 발바닥의 자극이 그렇게 만들었는지, 속세의 번잡함을 잊고 맑은 공기를 마음껏 흡입하며 계속 걸어온 그간의 축적된 건강이 작용한 것인지는 몰라도 기억의 깊은 연못 저 밑에 화석화되어 있던 조각들이 신기하게도 하나하나 되살아나면서 풍성한 이야기꽃을 피울 수 있게 되었다. 깊디깊은 죽령 골짜기도 여러 사람이 경쟁하듯 쏟아내는 이야기를 다 담아내지 못할 듯하였다.

퇴계는 말구종을 앞세우고 이 험한 고갯길을 넘을 때 말을 타고 넘었을까 아니면 말에서 내려 몸소 걸었을까? 맹자의 말씀에 "친한 이를 친하게 하고 백성을 어질게 하며, 백성을 어질게 하고 만물을 사랑한다親親而仁民, 仁民而愛物"라는 말이 있다. 아마도 선생의 인품을 생각하고 〈유소백산록遊小白山錄〉이라는 기행문을 통해서 볼 때 험한 고갯길에서는 말과 사람을 아껴 말구종과 함께 걸어서 고개를 넘지 않았을까 하는 생각도 해 보았다.

또 한 가지 드는 의문은 그간 죽령고개를 수도 없이 넘어 다녔을 텐데 남긴 시가 《퇴계선생문집별집》 권1에 실린 〈죽령 길에 비를 만나다〉 외에는 거의 찾아볼 수 없다는 점이다. 그런데 곰곰이 생각을 해 보니 험한 고갯길을 오르내릴 적에는 오로지 마음을 발끝에다 모으고 한순간도 방심하지 않고 조심해서 걸어야 낙상하지 않고 안전하게 고개를 넘을 수 있으므로 조심조심 이동하느라 시작詩作을 남기지 않은 것으로 추정해 보기도 했다. 오로지 '놓친 마음을 거두어들일 뿐收其放心而已'이라는 맹자의 말씀처럼 정신을 집중한 것으로 상상해 보며 우리도 한 걸음 한 걸음을 조심스럽게

죽령고개
일행 모두 차오르는 가쁜 호흡으로
여느 날과는 다르게 고개를 늘인 채 무거운 발걸음을 옮기고 있다.
ⓒ도산서원선비문화수련원

떼었다.

때로는 늦봄 절기에 맞게 불어난 계곡의 물소리를 듣기도 하고 때로는 개울을 벗어나 여기저기 두세 채씩 흩어져 있는 오막살이 산골 민가를 보면서 고단하게 살아갔을 이름 모를 촌부들의 삶을 생각해 보기도 하면서 쉬엄쉬엄 걷다 보니 드디어 죽령 고갯마루가 보이기 시작했다. 모두 정상 정복을 눈앞에 둔 터라 희망에 찬 얼굴들이지만 턱밑까지 차오르는 가쁜 호흡 때문에 골짜기를 가득 메울 정도로 많은 대화를 이어가던 입을 굳게 다물고 그저 학처럼 고개를 길게 늘어뜨리고 터덜터덜 무거운 발걸음을 옮겼다.

이윽고 한 걸음 한 걸음 인고忍苦의 축적이 가져온 놀랄 만한 결과가 일행을 아스라한 죽령 고갯마루로 밀어 올렸다. 서울을 떠나 경기도와 충청도를 넘어 본격적으로 경상도 공기의 또 다른 맛을 느끼는 순간이었다.

⌈온계와 퇴계의 마지막 작별

1549년 10월 어느 날 당시 충청도 관찰사인 온계溫溪 이해李瀣가 풍기 군수로 재임 중인 아우 퇴계와 풍기에서 함께 자고 아쉬운 작별을 나누던 곳이 바로 이 고개 아래 골짜기 어느 지점이었을 것이다. 현재 그 위치는 정확하게 알 수 없지만 대臺와 골짜기와 다리의 이름은 남아 있다. 퇴계가 먼저 시를 지었다.

안영협 골짜기에서 헤어지던 날
소혼교 다리 위에서 혼이 끊어지려는 때,
험하고 험한 길 무탈하게 오르시고
내년에 다시 오실 기약 저버리지 마소서.

이어 온계가 화답했다.

지는 해 어둑어둑 괴롭게도 쉬이 지니
술자리 끝나도 다리 가에서 서성이네.
구름 낀 산아 정녕한 내 말 들어 보소
좋게 내년 기다려 또 올 기약 두겠네.

형제간에 이별의 아쉬움을 달래며 내년에 또 만나자고 굳게 약속했건만 운명은 두 사람의 재회를 허락하지 않았다. 이듬해 온계는 충청도 관찰사 재임 시의 일로 정적政敵인 이기李芑의 모함을 받아서 모진 고문과 혹독한 장형杖刑을 받고 갑산으로 유배되었다. 유배지로 가는 도중 양주의 객점에서 장독杖毒으로 죽는 바람에 죽령에서의 형제간 재회 약속은 한낱 물거품이 되고 말았다. 그런 아픈 기억이 있는 장소를 지나가는 퇴계는 분명 20년 전의 일이 떠올라 매우 비감했을 것이다.

비록 죽령고개에서 지은 시는 아니지만 아름다운 경치를 함께하지 못하는 온계를 사무치게 그리워하는 작품을 소개해 본다. 이 시에는 간단한 서문이 있으므로 작품과 아울러 소개한다.

옛날 형님을 따라 서울에서 고향으로 돌아가는 길에 죽령에 이르니 가을 경치가 무르익었다. 형님이 말 위에서 절구 한 수를 읊으셨는데 "단풍 숲 푸른 절벽 채색 병풍 펴 놓은 듯, 그 가운데 맑은 시냇물 돌층대를 끼고 흐르네. 바쁜 벼슬길 잘못 가까이하였음을 불행하게 아노니, 푸른 이끼에 노니는 자취 전혀 없었네"라고 하셨다. 나는 단풍과 푸른 산골짜기 물을 볼 때마다 문득 이 시를 외운다. 이에 화답하는 시를 적어 회포를 풀어 본다. 형님은 지금 승정원의 승지로 계신다.

산골짜기 물과 단풍 숲 서로 비추고 있는데
채색 병풍 같다는 형님의 아름다운 구절 생각나네.

죽령시비
퇴계와 온계 이해가 주고받은 시가 새겨져 있다.
©도산서원선비문화수련원

두려운 벼슬길 정녕 넘기 어려웠네

아우는 지금 벼슬살이에 매인 몸이 되었으니
아름다운 곳 돌이끼를 언제 밟아 보겠습니까.

퇴계는 온계와 함께 죽령고개를 넘던 1536년에 이 시를 지은 것이 아니다. 그로부터 6년이 지난 1542년 공무로 강원도 홍천의 삼마치고개를 지나면서 아름다운 경치를 대하고는 불현듯 그 옛날 형님을 모시고 죽령고개를 넘던 일이 생각났고, 형님이 읊었던 그 시에 비로소 화답한 것이다.

이 작품에서 우리는 두 사람의 따듯한 형제애를 느낄 수 있다. 형제간의 사랑이 우리 사회에 나비효과처럼 큰 울림으로 다가와 진한 형제애를 회복할 수 있기를 기대해 본다.

┌산천도 변하고
인걸도 가뭇없네

우리는 죽령 고갯마루에 세워진 교남제일관嶠南第一關과 죽령루竹嶺樓란 현판이 걸린 누각을 통과하여 경상도 풍기 고을로 내려가는 죽령 옛길로 지친 발걸음을 옮긴다. 시에 나오는 잔운대와 촉령대, 그리고 안영협과 소혼교가 어디쯤에 있었는지, 지금은 어느 지점인지 확실하게 알 수 없지만 그런 역사적인 장소를 통과하여 계속 고개를 내려가면서 그에 얽힌 이야기를 나누며 걸어간다. 비록 이 장소들을 정확히 밝힐 수는 없지만 5번 국도가 지나는 고개 중턱에 형제가 주고받은 시를 새긴 비석이 서 있다. 지금 걷는 골짜기 길로 가면 만날 수가 없지만 5번 국도로 죽령고개를 넘어가는 기회가 있다면 시비詩碑를 한번 찾아보기를 권유한다.

고개를 오르내리는 수많은 길손들이 들러서 목을 축였을 죽령의 주막집 옛터를 통과하여 계속 걸어 내려가 산발치를 벗어난 즈음에 자리 잡고 있는 희방사역에 도착했다. 죽령고개 마루를 출발한 지 약 1시간 남짓 걸려서 숲을 빠져나온 것이다. 그 옛날에는 희방사를 통하여 소백산을 오르려는 사람들로 붐볐을 희방사역이 지금은 추억을 간직한 등산객들이 가끔 찾는 한적하고 외진 시골역이 되었다.

죽령루
이 누각을 지나면 경상도 풍기 고을로 내려가는 죽령 옛길이 나온다.
©도산서원선비문화수련원

두려운 벼슬길 정녕 넘기 어려웠네

희방사역 앞 계단으로 내려가 남원천을 따라 30분 가까이 걸어 내려가면 창락역 옛 터에 다다른다. 퇴계도 도산에서 한양을 오가며 여러 차례 유숙했을 것으로 짐작되는 큰 역이었는데 지금은 주춧돌 몇 개만 덩그러니 잡초 속에 묻혀 있다. 본래의 창락역은 이곳에서 약 600여 미터 떨어진 동북쪽 창락마을 158번지 언저리에 있었다고 하는데 폐역廢驛이 된 이후 마을이 들어서는 바람에 주춧돌을 현재의 자리로 옮긴 것이라 한다.

창락역은 경상도 동북부 지역 사람들이 한양을 오갈 때 반드시 거쳐 가야 하는 역으로, 인근 9개 역을 관장하던 제법 큰 규모의 역이었다. 경상도 함양에서 전라도 장수로 넘어가는 육십령고개

교남제일관
죽령 고갯마루에 있는 교남제일관은 영남으로 가는 첫 관문이다.
ⓒ도산서원선비문화수련원

는 산 아래에서 육십 명 정도가 모여야 고개를 넘었다고 해서 붙여진 이름인데, 이 죽령고개도 혼자서는 넘기 어려워 어느 정도 일행이 모여야 무리를 지어 고개를 넘을 수 있었을 것이다.

어디 역사의 뒤안길로 밀려나는 것이 창락역뿐일까. 지금 이렇게 활기차게 걷고 있는 우리들은 역사에 한 점 흔적이라도 남길 수 있으려나. 산천도 유구하지 않은데 하물며 인간임에랴.

옛날 퇴계가 임금의 부름을 받고 어쩔 수 없이 한양으로 향하며 창락역에 유숙할 때 남긴 시 한 수를 소개한다.

서늘한 새벽 즈음 창락역으로 향하니
죽령은 삐죽삐죽 공관은 그윽하네.

창락역 터
창락역은 경상도 동북부 지역 사람들이 한양을 오갈 때 반드시 거쳐 가야 하는 역이었다. 퇴계도 한양을 오갈 때 여러 차례 머물렀을 것이다.
ⓒ도산서원선비문화수련원

두려운 벼슬길 정녕 넘기 어려웠네

땅 쓸고 향 태우니 병든 잠자리 외롭고
바람 막으며 우는 가을 매미 많기도 하네.
옛날에는 탄식하였네, 두려운 길 정말 가기 어려웠노라고
지금은 한탄하네, 쓸모없는 재목 잘못 거두어짐을.
임금님 관대하게 어여삐 여겨 은혜 베풀어 허락하신다면
울긋불긋 단풍잎 가을 따라 고향으로 돌아가겠네.

우리는 남원천 방죽으로 난 길을 따라 한 시간 넘게 걸어 그 옛날 풍기관아가 있던 풍기초등학교 옆 은행나무 아래에 도착하였다. 관아 터에는 풍기읍사무소가 있다가 다른 곳으로 이전하고, 현재는 읍사무소 자리였다는 흔적으로 콘크리트 기둥만 덩그렇게 남아 세월의 무상함을 느끼게 한다. 또한 몇 아름이나 되는 은행나무 한 그루와 오랜 세월 비바람에 씻겨 글자도 알아보기 힘든 몇 개의 거사비去思碑가 이곳이 옛날 관아였다는 사실을 묵묵히 증언하고 있다.

이른 아침 단양향교에서 출발한 오늘의 여정이 여기에 도착함으로써 마무리되었다. 22킬로미터를 걸었는데 죽령을 넘는 코스가 끼어 있어 다른 날에 비해 조금 더 힘들었다.

⌐소수서원을 찾아서

걷기 일정을 마친 우리는 잠시 휴식을 취한 후에 차를 타고 영주시

순흥면에 있는 소수서원紹修書院으로 향하였다. 소수서원은 퇴계와 밀접한 관련이 있는 곳이다. 하늘을 찌를 듯한 수백 년 노송老松이 좌우로 빽빽하게 늘어선 장엄한 길을 따라 들어가노라니 실제로 옛 선비가 된 느낌이었다.

지도문志道門을 들어서 강학당을 지나 문성공묘 묘정 앞에 이르 렀다. 미리 나와서 기다리고 있던 서원 도감의 안내로 먼저 회헌晦 軒 안향安珦을 주벽으로 모시는 문성공묘에 인사를 올리는 알묘례 를 거행하고 서원 경내를 둘러보았다.

소수서원은 본래 조선시대 풍기 군수였던 신재愼齋 주세붕周世鵬 이 안향을 제향하고 나라가 필요로 하는 인재를 기르기 위해 1543

소수서원
소수서원은 우리나라 최초의 서원이자 최초의 사액서원이다.
©도산서원선비문화수련원

두려운 벼슬길 정녕 넘기 어려웠네

년(중종 38)에 건립한 백운동서원으로, 우리나라 최초의 서원이다. 이 서원은 최초라는 타이틀을 또 하나 더 가지고 있다. 바로 최초의 사액서원이라는 타이틀이다. 사액서원이란 조선시대에 왕이 현판과 함께 운영에 필요한 서적, 토지, 노비 등을 내려 그 권위를 인정하는 서원을 말한다.

퇴계가 풍기 군수 시절인 1549년(명종 4) 12월에 서원 운영이 활발하지 못한 점을 안타깝게 여겨 당시 경상도 관찰사인 심통원沈通源에게 사액의 필요성을 건의하였다. 관찰사가 이 청원을 예조에 올려 조정에서 논의한 결과 명종의 친필로 '소수서원'이라는 현판을 내렸으며, 신숙주申叔舟의 손자로 당시 홍문관과 예문관의 대제학인 기재企齋 신광한申光漢이 〈소수서원기〉를 지었다. 신광한은 이 기문에서 '소수紹修'로 서원의 이름을 붙인 이유를 "학문을 하는 도가 폐지되어 강의하지 않은 지 오래되었고, 배우기는 해도 그 의리를 강론하여 밝히지 못해서 자기를 닦는다는 것이 무슨 일인지 알지 못하게 되었다. 닦는다는 것이 경으로 사람의 마음을 곧게 하는 것인 줄 이미 알지 못하니 어찌 의로써 외면을 방정하게 할 수 있겠는가? 이것이 소수로 서원의 이름을 지은 까닭이다"라고 하였다.

퇴계의 노력으로 소수서원은 본격적인 인재 양성의 연수淵藪가 되었다. 하지만 정작 퇴계는 풍기 군수 자리에서 물러나 고향으로 떠나는 바람에 사액을 받는 영광스러운 광경은 직접 보지 못하였다. 소수서원은 대원군의 서원철폐령 때 살아남은 47개 서원 가운데 하나로 우리나라 사적 55호이며, 세계유산에 등재되었다. 500여 년의 세월이 흐른 지금 소수서원 경내에는 두 그루의 커다란 은

행나무와 하늘을 찌를 듯한 학자수學者樹 소나무가 즐비하게 늘어서서 서원의 지난날 역사를 묵묵하게 증언하고 있다.

앞으로 소수서원이 그간 주춤했던 강학이라는 본래의 기능을 완전히 회복하여 이 시대가 요구하는 새로운 인재를 길러 내는 요람이 되기를 간절히 기대한다. 그렇게 해야만 안향이 추구했던 '흥학위도興學衛道'의 정신을 이어받아 서원을 창건한 신재 주세붕과 사액서원이 되게 한 퇴계의 숭고한 정신이 면면히 살아 숨쉬며 영원히 이어질 것이다.

❖강구율

단양향교 — 풍기초등학교

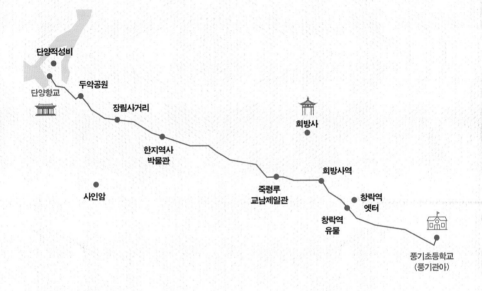

단성면에서 충혼로를 따라 옛날 장림역이 있던 대강면 소재지까지는 지방도와 국
도를 따라 걷는다. 용부원1리부터 희방사역 인근까지는 죽령 옛실이라 불리는 높은
고갯길을 따라 걷는다. 죽령 옛길은 퇴계 귀향길 가운데 예전의 모습을 가장 많이
간직하고 있는 오솔길이다. 풍기관아가 있던 풍기초등학교까지는 국도를 따라 걷
는다.

퇴계의
공감 능력과
여성 존중

풍기관아에서 영주 두월리까지

퇴계의 삶에서 여성이 차지하는 비중은 우리가 생각하는 이상으로 컸다. 여인과의 관계를 통해 대유학자의 삶을 되돌아보는 가장 큰 이유는 퇴계가 죽는 순간까지 보여 준 타인을 향한 겸양과 섬김의 자세, 귀함과 천함을 가리지 않고 사람을 아낀 평등사상을 이해하는 데 하나의 나침반 역할을 해 주기 때문이다.

허씨 부인의 묘소를 참배하다

1569년 음력 3월 15일 새벽, 퇴계는 20여 년 전 자신이 군수로 재직했던 풍기관아에서 눈을 떴다. 간단하게 조반을 마친 퇴계는 막걸리와 부인이 좋아했던 곶감을 챙겨 일찍 길을 나섰다. 발걸음이 바쁘다. 그간 못한 이야기를 마음껏 하고 싶었던 것일까.

69세의 퇴계는 스물한 살에 올린 혼인식을 떠올렸다. 양반가 규수의 전형이랄 정도로 품위 있고 속이 깊은 여인이었다. 혼인을 한 다음해에 평생 의지하던 할머니가 돌아가셨을 때 아흔세 해를 사신 할머니가 자신을 허씨 부인에게 맡기기 위해 여태껏 사셨구나 하는 생각을 했더랬다.

2019년 4월 19일(음력 3월 15일), 퇴계처럼 우리도 풍기관아에서 아침을 맞이했다. 이른 아침밥을 먹고 8시에 풍기초등학교에 모였는데, 풍기초등학교 자리가 바로 예전 풍기관아 터이다. 퇴계의 마음을 상상하다가 우리 일행은 어떤 마음들일까 슬쩍슬쩍 사람들을 곁눈질해 본다.

오늘은 하루 종일 영주시 구간을 걷는다. 이곳 풍기에서 영주 시내를 거쳐 이산면 두월1교차로까지 20킬로미터를 걷는 코스이다. 풍기초등학교에서 나와 시내 구간을 지나 운학교를 건넌다. 왼쪽으로 내려와서 남원천변과 이어지는 서천의 둑길을 따라 걸으면 되는 좋은 코스이다.

영주 시내가 가까워지면서 인도가 따로 설치된 신재로를 따라 걸었다. 우리는 나무고개 교차로를 지나 영주 시내에 접어들어 서

풍기관아 터
풍기는 퇴계가 군수로 재직한 적이 있는 고을이다.
퇴계와 관련된 유적이 많이 남아 있다.
ⓒ도산서원선비문화수련원

천교를 건너 옛 관아 터인 영주초등학교에서 잠시 쉬었다. 이제부터는 시내 구간이므로 차량 통행이 많다. 앞뒤 좌우를 잘 살피며 걸어야 한다. 게다가 오르막길이 있어 다소 힘이 든다. 솔바위교부터는 935번 지방도를 따라 걷는다. 영주 동산고등학교를 지나 우리는 오후 1시경에 점심을 먹었다.

점심 이후에는 차량이 뜸한 포장도로를 걸었다. 용상리 마을 입구에 이르면 도로에서 벗어나 한적한 마을길로 접어든다. 용상1리 새마을회관을 지나니 동창재라는 운치 있는 멋진 옛길이 기다리고 있었다. 봉산 등산로라는 이정표를 따라가다 보면 동창재 이

동창재 옛길
용상리 입구를 지나면 동창재라는
운치 있는 옛길이 나타난다.
ⓒ도산서원선비문화수련원

정표가 나온다. 동창재길은 큰 도로가 나기 전에 버스가 다녔다고 하는데 지금은 흔적만 남아 있다. 길이 매우 비좁아 옛날에 정말 버스가 다닐 수 있었는지 궁금하기도 했다.

비포장도로가 시작되는 이 길을 계속 따라가다 보면 묘지가 나오는데 갑자기 길이 없어진 것 같아 당황할 수 있다. 하지만 잘 보면 묘지 오른쪽으로 작은 오솔길이 나 있다. 이 길은 옛날 모습을 그대로 간직한 듯 자연스럽다. 이곳을 넘으면 바로 오늘의 목적지인 두월1교차로가 나온다. 오후 4시경 이곳에 도착했다.

이어서 차를 타고 이산면 신암리 사금마을에 있는 퇴계의 초취 부인 김해 허씨 묘소를 찾아 참배하였다. 이날 고유문은 후손인 안

김해 허씨 묘소 참배
퇴계의 부인 김해 허씨 묘소에서 아헌관으로 참여한
이은선 교수가 절을 올리고 있다.
©도산서원선비문화수련원

동문화원 이동수 원장이 썼다. "퇴계 할아버지께서 만년에 '그윽한 난초가 일찍 떨어져서 그 향기는 멀리 풍기지 아니하여도 남은 향기는 오래도록 없어지지 아니할 것이다' 라고 말씀하신 바와 같이 할머니의 자손들이 아름다운 향기를 머금고 울울창창하게 이어지게 되니 참으로 지극하신 말씀이십니다"라는 말이 마음에 와닿았다.

초헌관을 맡은 퇴계의 16대 종손 이근필 옹에 이어 이은선 교수가 아헌관으로 술잔을 드리고 절을 했다. 기독교인들은 대체로 절을 하지 않는다. 절하는 행위는 우상숭배의 한 유형으로 보기 때문이다. 그러나 기독교 학자이자 유학자인 이 교수는 제사라는 예배에 참석했고 경건하게 절을 올렸다. 이은선 교수는 여성의 눈으로 기독교와 유교의 대화를 시도하고 있다. 오늘도 21세기 여성들이 유교적 영성의 리더십과 자기 주체성을 개발해야 함을 힘주어 강조했다.

유교의 핵심 도道 가운데 하나는 순임금이 행했던, 자기를 버리고 남을 따르는 사기종인숨己從人이라고 생각합니다. 사실 남성 선비들을 유교의 주인공으로 알고 있지만 진정한 의미에서 유도儒道의 핵심을 구체적인 삶으로 실천하고 산 사람은 조선 여성들이라고 생각합니다. 허씨 부인도 그런 유도의 핵심을 살다가 간 분이어서 존경과 감사의 마음으로 참석하게 되었습니다. 오늘 우리 사회에는 개인주의가 팽배해 있습니다. 이러한 상황에서 유교 여성들이 진정성 있게 체화했던 사기종인의 덕목은 성의 구별을 넘어서 우리 모두가 실천해야 할 덕목입니다.

퇴계의 공감 능력과 여성성

공자와 퇴계는 아버지 없이 어머니 손에서 자랐다는 공통점이 있다. 공자는 "나의 도는 하나로 통한다—以貫之"라고 했는데, 그 하나가 바로 '충忠'과 '서恕'이다. 자공이 "평생을 두고 실행해야 할 한마디가 있습니까?"라고 물었을 때 공자는 "그건 '서'일 것이다"라고 했다.

서는 같을 '여如' 자에 마음 '심心' 자를 합한 글자로, 남을 나와 같이 여기는 마음을 말한다. 이를테면 '공감'이다. 맹자는 위정자가 가져야 할 덕목으로 '여민동락與民同樂'을 말했다. 곧 백성의 즐거움이 내 즐거움인 것을 정치의 이상으로 삼았다. 이 또한 공감이 형성되어야 정치가 바르게 된다는 말이다.

퇴계는 할머니, 어머니 손에 자랐기 때문인지 공감 능력이 남달랐다.

여덟 살 때 넷째 형이 칼에 베어서 손을 다치자 퇴계가 형을 안고 울었다. 어머니가 "네 형은 손을 다치고도 울지 않는데 너는 왜 우느냐?"고 하자 "형이 울지는 않지만 피를 저렇게 흘리는데, 어찌 손이 아프지 않을 수 있겠습니까?"라고 대답하며 더 슬프게 울었다. 다른 사람의 감정을 내 것처럼 느끼는 공감 능력이 남달랐다는 것을 알 수 있다.

공자, 맹자, 퇴계 이 세 사람은 모두 공감능력이 뛰어났다. 이를테면 여성성이 잘 키워진 사람들이다.

김병일 도산서원 원장은 저서 《퇴계처럼》에서 이렇게 말했다.

퇴계의 삶에서 여성이 차지하는 비중은 우리가 생각하는 이상으로 컸다. 할머니, 어머니, 초취 부인, 재취 부인, 며느리와 손자며느리로 이어지는 퇴계의 여인들은 그에게 큰 영향을 미쳤거나 큰 영향을 받았다. 여인과의 관계를 통해 대유학자의 삶을 되돌아보는 가장 큰 이유는 퇴계가 죽는 순간까지 보여 준 타인을 향한 겸양과 섬김의 자세, 귀함과 천함을 가리지 않고 사람을 아낀 평등사상을 이해하는 데 하나의 나침반 역할을 해 주기 때문이다.

퇴계의 어머니 춘천 박씨의 묘소
어머니는 할머니와 더불어 퇴계에게 큰 영향을 준 스승이었다.
©도산서원선비문화수련원

⌈인생의 나침반이었던 할머니와 어머니

퇴계의 아버지 이식李埴은 퇴계가 태어난 지 7개월이 되었을 때 40세의 나이로 세상을 떠났다. 그 당시 할머니 영양 김씨의 나이는 73세, 어머니 춘천 박씨의 나이는 33세였다. 퇴계는 팔남매 중 막내였는데 어머니가 가장 역할을 하느라 바빴기 때문에 할머니가 돌봐주었다. 할아버지는 이미 돌아가셨으니 생존한 할머니가 집안의 가장 높은 어른이었다.

퇴계는 조부 이계양李繼陽의 사적事蹟을 쓴 글에서 다음과 같이 할머니를 그렸다.

> 할머니는 항상 떳떳한 법도로 부덕婦德을 지켜 부귀한 티를 내거나 교만하거나 사치한 모습이 전혀 없었다. 자손들과 여러 자부子婦, 손부孫婦들이 한 집에 살면서 서로 흠잡는 말이 없었다. 여러 손자들이 뵈러 가면 반드시 부지런히 공부하여 입신양명하라고 권유하시고, 공부를 게을리 하거나 일그러진 행동을 경계하셨다. 동안학발童顔鶴髮에 오래 건강하시다가 아흔세 살에 돌아가셨다.

할머니의 모습을 동안학발이라고 묘사한 것을 보니 얼굴은 어린아이 같으나 머리는 하얗게 셌던 것 같다. 퇴계는 22년 동안 할머니와 함께 살았다. 집안의 큰 어른인 할머니가 떳떳한 법도를 세워 자손의 부녀들 사이에 조금도 흠잡는 말이 없었다는 표현에서 할머니가 주변사람의 말에 좌우되지 않는 공명정대한 사람이었음

퇴계의 공감 능력과 여성 존중

을 알 수 있다.

어머니는 1537년 68세를 일기로 세상을 떠났다. 그때 퇴계의 나이는 37세였다. 퇴계에게 두 여성 어른의 영향은 그가 학계에서 명성을 떨치던 시기까지 지속되었다. 퇴계의 어머니는 혼자서 8남매를 키워야 했다. 거기에 시어머니까지 모시고 있었으니 가장으로 산다는 것이 얼마나 힘들었을지 짐작할 수 있다. 퇴계의 어머니는 매우 부지런한 사람이었다. 손수 길쌈과 바느질을 하고 농사일을 주관했으며, 집안 대소사를 빈틈없이 챙겼다. 연산군의 폭정으로 세금을 가혹하게 거둬 이 동네 저 동네 몰락하는 집안이 많았는데 어머니는 먼 앞일까지 헤아려 가업을 힘써 지켜 냈다.

어머니는 자식들 교육에도 열성을 다하였다. 넉넉지 않은 살림살이에도 어떻게든 학비를 마련하여 공부하는 데 어려움이 없도록 해 주었다. 퇴계는 작은아버지인 송재 이우李堣를 따라 청량산 절에서 공부하기도 했고, 안동 봉정사에서도 독서에 열중했다. 이 모든 것이 어머니의 헌신적인 뒷바라지가 있기에 가능한 일이었다. 어머니는 늘 자식들에게 과부의 자식이라고 업신여김을 당하지 않으려면 남들보다 백배 더 노력해야 한다고 간곡하게 권면했다.

퇴계 어머니의 남다른 점은 아들이 벼슬에 나간 기쁨보다는 세상의 환란을 걱정으로 삼은 태도이다. 세상의 고민을 내 고민으로 삼고 있는 자세에서 이 어머니의 위대함이 보인다. 자식의 이런저런 일들에 감정이 동요되는 것이 아니라 공적 감각이 그녀의 삶 속에 있었다. 퇴계의 철학에서 공적인 나와 사적인 나를 구분해야 한다고 말한 바탕이 바로 이 두 어른의 삶에서 자연스럽게 습득되었던 것 같다.

다음은 퇴계가 18세 때 지은 시이다.

이슬 맺힌 아리따운 풀들이 물가에 둘러 있고
작은 못은 맑게 흐르는데 깨끗하여 티끌도 없네.
구름이 지나가고 새가 날아가는 것이야 으레 그러하건만
때때로 제비가 지나가면 물결 일으킬까 두려울 뿐.

열여덟 살이면 할머니가 생존해 있을 때이다. 퇴계는 할머니와
어머니의 삶을 통해 문제를 안으로 머금고 밖으로 드러내지 않는
고요함이 무엇인지를 알았다. 구름이 지나가고 새가 나는 바쁨이
야 늘 있는 일이지만 못이 맑아 티끌도 없는 잔잔한 물의 상태가
평정심을 찾은 마음임을 경험했던 것이다.

▌부부는 무엇으로 사는가

퇴계에게는 어른이 되어서 함께 생활한 세 명의 여성이 있었다. 초
취부인 허씨와 소실小室부인, 그리고 재취부인 권씨이다. 허씨와 권
씨는 일찍 사별하고 소실부인만 퇴계가 세상을 떠날 때까지 함께
있었다. 소실은 양반이 아니었기에 호적에 올리지 못한 것 같다.

퇴계는 21세에 영주 초곡草谷(푸실) 마을의 동갑내기인 김해 허
씨(1501~1527)와 혼인을 했다. 그러나 불행히도 허씨 부인은 퇴계

퇴계의 공감 능력과 여성 존중

의 나이 27세에 준寯과 채寀 두 아들을 남겨둔 채 눈을 감았다. 당시 장남은 다섯 살이고, 차남은 태어난 지 겨우 한 달이 지났을 무렵이었다. 정확한 기록은 전하지 않지만 아마 난산으로 인한 후유증에 시달리다가 숨을 거둔 것 같다.

오운吳澐(1540~1617)이 처고모를 위해 쓴 묘비명에 허씨 부인에 대한 내용이 나온다.

선생은 스물한 살 때 허씨 부인에게 장가를 드셨는데 서로 손님같이 경대를 했다. 평소 거처할 때와 서로 대화를 주고받을 때 보면 사이가 좋지 않은 것같이 보였다. 처음에는 누가 보든지 금슬이 좋지 않은 듯 의심을 하지만 오래 지내 보면 부부의 두터운 정을 알게 된다.

경대란 '공경하여 대우한다'는 말이다. 부인을 손님처럼 공경하여 대우하는 모습相敬如賓은 퇴계가 제자와 손자에게도 언급한 적이 있다. 이를 통해 퇴계 부부가 6년 동안 살아온 모습을 상상할 수 있을 듯하다.

퇴계는 허씨 부인을 잃고 29세 전후에 소실을 둔다. 아들과 주고받은 편지에 보면 서모庶母, 차인此人 등의 표현이 자주 나온다. 소실부인은 퇴계의 나이 31세에 아들 이적李寂을 낳았다. 이 소실부인은 창원의 천민 출신이지만 매우 현명하여 이 집안에서 오랫동안 주부 역할을 감당했다.

퇴계가 54세 때 서울에 머물고 있을 때의 일이다. 소실부인 어머니의 병세가 위독한데 딸에게 가고 싶어 했다. 그러나 아픈 사람을 안동에서 서울까지 올려 보내는 것은 그리 쉬운 일이 아니었다. 소실부인은 자신의 주장을 내세우지 않았지만 퇴계는 얼굴을 붉히는 그녀의 마음을 읽고 어머니를 올려 보내 줄 것을 아들에게 부탁하는 편지를 쓴다. 천민 출신의 소실에게 '서모'라는 호칭을 쓴 것을 보면 허씨 부인이 죽은 후 아이들은 모두 이 서모의 돌봄을 받았을 것이다. 정신이 온전치 못한 권씨 부인과 함께 살 수 있었던 가장 결정적인 바탕도 이 서모의 보살핌이 있어서 가능했을 것 같다.

퇴계는 허씨 부인의 삼년상을 치른 뒤 30세에 권씨 부인을 맞아들였다. 권씨 부인의 아버지 사락정 권질權礩은 갑자사화 때 유배되었다가 중종반정으로 풀려났는데, 또 다시 신사무옥에 연루되어 10년째 퇴계의 고향인 예안에서 유배생활을 하는 중이었다. 권씨 부인

퇴계 종택
경상북도 안동시 도산면 토계리에 있는 퇴계 이황의 종택이다.
경상북도 기념물 제42호이다.
ⓒ도산서원선비문화수련원

은 평탄치 않은 가정사로 인해 정신이 온전치 못했다고 한다. 권질은 퇴계를 불러 모자란 딸을 거둬 달라고 부탁했고, 퇴계는 어머니께 말씀드린 다음 그렇게 하겠다고 대답했다는 이야기가 전해 온다.

권씨 부인에 관한 일화는 많이 알려져 있다.

권씨 부인이 제사상에 올려놓은 배를 치마 속에 감추어 손윗동서에게 싫은 소리를 들었지만 퇴계는 나무라지 않고 부인에게 배를 깎아 주었다. 그러고는 제사에 참석한 친지들에게 할아버지도 손자며느리가 먹은 걸 기뻐하지 않겠느냐며 부인을 감쌌다.

하루는 조정에 가는데 권씨 부인이 손수 만들었다며 버선을 내밀었다. 빗자루 모양의 이상한 버선이었지만 퇴계는 받아 신고 태연히 입궐하였다.

퇴계가 상갓집에 문상을 하러 가는데 부인이 붉은색 천을 덧댄 도포를 건네주었다. 퇴계는 싫은 내색 없이 그 옷을 입고 갔다. 다른 사람들이 얼굴을 붉히며 수군거렸지만 퇴계는 전혀 아랑곳하지 않았다. 퇴계는 부족한 권씨 부인을 부끄럽게 여기지 않고 늘 한결같은 모습으로 대했다.

이러한 이야기는 구전으로 전해 오는 터라 사실 여부를 정확히 알 수는 없다. 그러나 퇴계가 평생 상대방을 손님처럼 존중하는 태도를 견지했던 것은 사실이다. 연약한 사람을 손님처럼 대할 수 있는 세상이라면 내가 연약한 것을 두려워할 필요가 없는 세상일 것이다.

어느 날 퇴계는 49살 어린 제자 이함형이 부부 사이가 원만하지 못하다는 이야기를 들었다. 퇴계는 고향집으로 돌아가는 그에게 편지를 써 주며 집에 들어가기 전에 읽어 보라고 했다.

부부 사이에 금슬이 고르지 못함을 탄식하는데, 세상에 이런 걱정을 하는 사람이 적지 않을 것이다. 부인의 성질이 악해서 변화시키기 어려운 경우도 있고, 부인이 못생기고 멍청한 경우도 있다. 남편이 난폭하고 함부로 행동하는 경우도 있고, 남편의 좋아하고 싫어함이 상식에 어긋나는 경우도 있다. 그 이유는 일일이 열거할 수가 없다. 그러나 대의로 말한다면 그 가운데 성질이 악해서 변화시키기 어려운 부인이 스스로 소박당할 만한 죄를 저지른 경우를 제외한 나머지 경우는 모두 남편에게 책임이 있다. 남편이 스스로 반성하여 후하게 대하고 선하게 처신하여 부부의 도리를 잃지 않는다면 인륜이 무너지지 않는다.⋯⋯나는 두 번째 장가를 들어서는 한결같이 불행했다. 그렇지만 여기에 대해 결코 마음을 박하게 먹지 않고 노력해 온 지 오래되었다.

부부의 도리에 대해 설명하면서 자신의 속마음까지 토로하고 있다. 제자를 가족처럼 아끼는 퇴계의 진정어린 마음이 드러난다. 부족한 부인이지만 귀한 손님처럼 여겼던 자신의 삶을 말해 준 것이다. 권씨는 1546년 7월 출산 후유증으로 세상을 떠났다.

다음은 퇴계가 혼례를 치른 손자 안도에게 보낸 편지이다.

부부란 인륜의 시작이고 만복의 근원이므로 비록 지극히 친밀한 사이이기는 하지만 또한 지극히 바르게 하고 지극히 조심해야 할 처지이기도 하다. 그 때문에 군자의 도는 부부에서부터 시작된다고 한 것이다. 그러나 세상 사람들은 부부간에 서로 예를 갖추어 공경해야

퇴계의 공감 능력과 여성 존중

함을 싹 잊어버리고 곧바로 너무 가깝게만 지내다가 마침내는 서로 깔보고 업신여기는 지경에까지 이르고 만다. 이 모두 부부간에 서로 예를 갖추어 공경하지 않았기 때문에 생겨나는 일이다. 그래서 가정을 바르게 하려면 의당 그 시작부터 조심해야 하는 것이다. 거듭 경계하거라.

퇴계가 손자에게 이르는 부부의 도리이다. 여러 모로 부족했다는 권씨 부인과 16년을 살았던 퇴계가 남긴 말이기에 더더욱 부부 사이에 무엇이 필요한지 와닿는 말이다.

퇴계종택 안동 권씨 정려문
퇴계의 맏손자며느리인 권씨는 임진왜란 중에
퇴계의 책과 유품을 잘 보존했다.
ⓒ도산서원선비문화수련원

며느리와 손자며느리, 그리고 종손

퇴계의 맏아들 준은 봉화 금씨와 혼인을 했다. 평생 건강 관리에 신경을 많이 썼던 퇴계는 며느리의 건강도 챙겼다. 아프다는 소식을 들으면 약을 사서 보내고, 그 편에 예쁜 참빗을 보내기도 했다. 며느리가 아프면 아들에게 병간호를 잘 하도록 지시했다.

맏며느리 금씨는 퇴계가 세상을 떠난 지 불과 2개월 후에 죽음을 맞이했는데 "살아서 극진히 모시지 못했으니 죽어서라도 모실 수 있게 아버님 묘소 가까이 묻어 달라"고 유언했다. 현재 퇴계의 묘소에서 아래쪽으로 50미터 떨어진 곳에 있는 무덤이 며느리의 무덤이다.

맏손자며느리인 권씨도 시할아버지에게 사랑을 듬뿍 받았다. 하지만 권씨는 서운함을 가질 수도 있었다. 퇴계의 증손자, 곧 손자 안도와 권씨의 아들인 창양이 영양실조로 어려움을 겪게 되자 손자는 아이를 갓 낳은 여종을 서울로 보내 달라고 부탁했다. 퇴계는 마음이 아팠지만 그 여종의 아이를 위해 그럴 수 없노라고 했다. 결국 창양은 얼마 후에 죽고 말았다. 시할아버지의 공평함을 이해는 했겠지만 자신의 아들이 죽었으니 얼마나 서운했을까.

그러나 권씨는 퇴계의 마음을 누구보다 잘 알았고 존경했다. 그녀는 남편이 세상을 떠난 후 임진왜란이 일어나 창황한 가운데도 퇴계가 남긴 글과 전적 그리고 유품 등을 청량산 인근에 잘 갈무리해서 후세에 전할 수 있게 하였다. 후일 퇴계의 자손들은 그 장소를 기려 '생이골生李洞' 곧 '이씨를 살린 골짜기'라고 이름 지었다. 이렇듯 퇴계 주변 여성들의 훌륭함이 있었기에 오늘날의 퇴계가 가능한 것 같다.

여성은 아니지만 퇴계가의 현 종손인 이근필 옹을 언급하지 않을 수 없다. 1932년생으로 구순을 바라보는 이근필 옹은 퇴계의 소원대로 착한 사람이 많아지는 것을 자신의 소원으로 삼고 하루하루를 사는 사람이다. 현재 양쪽 귀가 불편해 잘 듣지 못한다. 2009년 연말 향년 101세로 세상을 떠난 선친(15대 종손 고 이동은)의 간호와 상례를 마치고 그렇게 되었다고 한다. 그럼에도 퇴계 종택을 찾는 사람들을 전통한복 차림으로 꿇어앉아 맞이하는 자세는 늘 엄숙하고 진지하다. 조상인 퇴계의 행적에 대해서는 한마디도 입에

퇴계의 16대손인 이근필 옹
퇴계종택을 찾아온 사람들에게 15대 종손이 쓴
'수신십훈'을 설명하는 모습이다.
©도산서원선비문화수련원

올리지 않는다. 대신 늘 작은 한지에다 마음에 새겨야 하는 단어를
써 주는데 요즘은 '조복造福'이란 글자를 쓴다. 복을 지으며 살자는
의미이다. 한 사람 한 사람이 자신을 위해 남을 위해 복을 짓는다면
퇴계가 염원하던 선한 사람이 넘치는 사회가 될 것이다. 선비문화
수련원 수련생이 한꺼번에 몰려오는 날에도 일일이 다 써 준다. 그
러려면 하루에 100장 이상을 쓰는 날도 있을 것이다.

학과 같은 풍모를 지닌 이근필 옹은 오랫동안 종택을 지키며
퇴계 정신을 삶으로 실천하고 있다. 말 한 마디 행동 한 가지가 그
냥 나오는 법이 없다. 그의 언어와 몸가짐에서는 경건함이 배어 나
온다. 퇴계가 살아 있다면 저런 모습일 거라는 생각을 해 본다.

⌐이산서원을 찾아서

묘소 참배를 마치고 우리는 영주시 이산면 내림리에 있는 이산서
원伊山書院을 찾아갔다. 이산서원은 건립부터 강학까지 퇴계의 손
길이 들어간 곳이기에 더욱 특별한 곳이다. 1871년 흥선대원군의
서원 철폐령으로 철거되었다가 1930년 복원되었으며, 영주댐 건
설로 현재의 자리로 이건하여 복원하는 중이다.

주자와 퇴계의 서원관은 인륜을 밝히는 교육 기능을 회복하려
는 데 있었다. 그런데 주자가 서원 교육을 지방 교육의 연장선상에
서 이해하였다면, 퇴계는 지방 교육과는 다른 사학으로서 관의 지
원은 받되 어디까지나 민간 주도에 의한 교육기관으로 육성코자

퇴계의 공감 능력과 여성 존중

하였다. '교육의 자율성'을 강조한 것이다. 이는 관학이 과거 공부에만 치중하는 한계를 인식하고 서원에서는 사람다움을 추구하는 참선비를 길러야 한다는 의미이다. 중국의 서원은 대부분 관설이고 지방의 보조 교육기관으로 존립하였기에 남송시대 말엽에 이르러 서원의 쇠퇴를 초래하였다.

1558년 영주 군수와 지방 유림이 뜻을 모아 학사를 건립했는데, 이를 퇴계가 이산서원이라 이름 지었다. 다음해에 〈이산서원기〉를 짓고 원규를 정했으며 편액도 썼다. 이산서원의 규정은 최초의 서원 규정으로, 훗날 다른 서원의 전범이 되었다. 그 제1조는 다음과 같다.

이산서원
이산서원은 건립부터 강학까지 퇴계가 영향을 미친 곳이다.
영주댐 건설로 현재의 자리로 옮겨 복원하는 중이다.
ⓒ도산서원선비문화수련원

학생들은 독시하는 데 사서오경을 본원으로 삼고 《소학》과 《가례》를 문호로 삼는다. 국가에서 인재를 진작하고 양성하는 방법을 따르고 성현의 친절한 교훈을 지켜서 모든 선이 본래 내게 갖추어진 것을 알고 옛 도가 오늘날에도 실천할 수 있다는 것임을 믿어서, 모두 몸으로 행하고 마음으로 체득하여 체體를 밝히고 용用을 적합하게 하는 학문에 힘쓰도록 한다.

퇴계는 이론적인 기반인 사서오경을 기본으로 하고, 행실의 구체적 사례를 기술한 《소학》과 《가례》를 들어가는 문으로 삼았다. 이 교육의 틀은 모든 선이 본래 내게 갖추어져 있다고 보는 믿음을 전제로 한 것이다. 퇴계가 인간에게 갖는 이러한 믿음은 서원운동의 기틀이 되었다.

이산서원은 처음 지을 때는 사당 없이 강학 공간을 위주로 지었지만 1572년 사당을 세워 두 해 전에 세상을 떠난 퇴계의 위패를 봉안했다. 그리고 1574년에 사액을 받았다.

퇴계 생전에 전국에 건립된 서원은 모두 18개소인데, 이 가운데 퇴계 및 그의 문인들이 건립에 관여한 서원은 13개소이다. 나머지 5곳은 함경도·평안도·황해도 등 지리적으로 먼 곳이다. 퇴계의 서원운동은 조선의 천년을 준비하는 정신에 기반한다. 서원운동의 본격적인 시작을 알린 이산서원에 오니 감회가 새롭다.

❖ 황상희

퇴계의 공감 능력과 여성 존중

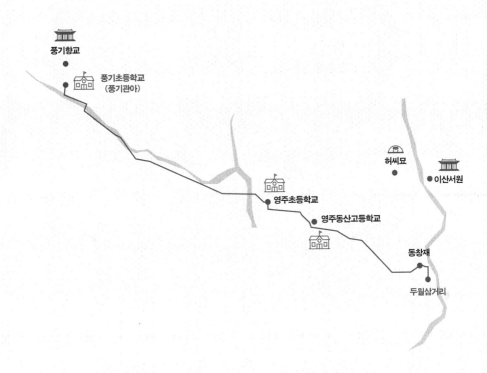

풍기 읍내를 벗어난 이후에는 안정면을 향하여 남원천과 서천을 따라 지방도인 소
백로와 신재로를 걷는다. 영주 시내에 접어들어 서천교늘 선너 녕주초등악교글 거
쳐 동산고등학교에 이르기까지는 시내 구간이다. 동산고등학교 이후 동창재 입구
까지는 포장된 지방도로인데 차량 통행이 드물다. 동창재에서 두월삼거리까지는
오르막과 내리막이 있는 시골길이다.

드디어
도산이다

두월리에서 삽골재까지

꿈에 그리던 고향이 이제 채 백 리도 남지 않았다. 이틀 전 험준한 죽령을 넘어
오며 눈에 익은 경상도의 산천이 반가웠으리라. 고향인 예안만큼이야 하겠느
냐마는, 풍기는 20여 년 전 군수로 재직하며 소수서원의 사액을 요청하여 강학
의 꿈을 펼쳤던 곳이고, 영천은 사랑하는 허씨 부인이 잠들어 있는 곳이다.

도산이 멀지 않구나

꿈에도 그리던 도산까지는 이제 꼬박 하루면 노달할 거리이나. 1569년 음력 3월 6일 봉은사에서 배를 타고 떠난 지 열흘 만에 퇴계는 드디어 풍기를 지나 예안을 눈앞에 두게 된 것이다.

지난해 7월 한양에 입성하여 8개월이 넘는 기간 동안 선조 임금을 대면할 때마다 번번이 사퇴 요청과 거절이 반복되었다. 낙향할 때마다 다시는 한양에 가지 않겠다고 다짐했을 것이지만 어디 세상 일이 마음대로 되는 것이던가? 그렇지만 이제는 나이로 보나 상황으로 보나 정말로 마지막 귀향이 될 것이고, 선조 임금과 조정 대신들, 그리고 서울에 남아 있던 제자들도 그것을 잘 알고 있었던 듯하다.

그 마지막 귀향길, 꿈에 그리던 고향이 이제 채 백 리도 남지 않았다. 이틀 전 험준한 죽령을 넘어오며 눈에 익은 경상도의 산천이 반가웠으리라. 고향인 예안만큼이야 하겠느냐마는, 풍기는 20여 년 전 군수로 재직하며 소수서원의 사액을 요청하여 강학의 꿈을 펼쳤던 곳이고, 영천榮川(지금의 영주)은 사랑하는 허씨 부인이 잠들어 있는 곳이다. 이곳 영주를 지나며 퇴계는 그 추억을 어떻게 떠올렸을까?

계상溪上에 지난겨울 역병이 돌았고, 아직 그 기운이 채 가시지 않았다는 소식을 접해 집으로 바로 갈 수가 없었다. 퇴계의 발길은 도산서당으로 향하고 있었고, 거기에는 누구보다도 반갑게 선생을 맞이할 매화가 고운 자태를 뽐내고 있을 것이었다. 긴 여정으로 인해 노구의 퇴계 자신은 물론 노복과 말도 지쳐 있었을 테지만, 봄처럼 설레는 마음을 애써 누를 필요는 없었으리라.

우리가 걷는 영주 두월리에서 도산 삽골재까지의 20킬로미터 구간은 크게 네 곳의 산과 언덕을 넘는 코스지만, 용두산을 제외하면 비교적 평탄한 길로 이루어져 있다. 신기하게도 우리나라 금수강산이지만 경기도와 충청도, 경상도의 산천은 확연히 다르다. 봄은 같은 봄이로되 산세와 풍경이 확실히 퇴계의 고향인 예안에 가까워지고 있음을 느끼게 했다.

퇴계가 영주에서 머물며 한숨을 돌렸던 음력 3월 16일, 450년 후의 우리는 양력 4월 20일에 도산을 향해 발걸음을 옮겼다. 전날 풍기에서 두월리까지 20킬로미터를 걸어온 일행은 봄이라 하지만 아직은 아침 공기가 차가운 8시 두월1교차로에 모였다.

퇴계가 〈도산십이곡〉에서 읊었던 청산과 유수는 퇴계의 귀향길과 우리가 맞은 오늘이 크게 다르지 않을 것이다. 우리도 그렇게 만고에 푸르른 청산과 유수처럼 살아왔는지, 또 앞으로 그렇게 살아갈 수 있을지 생각해 본다.

퇴계가 '경敬에 철저할 수 있다면 성인聖人의 경지에 들어간 것'이라고 했듯, 만고에 푸르른 것은 경에 다름 아닐 것이다. 그 청산과 유수를 배경으로 경의 근처에도 가지 못한 자신을 반성하며 종착지를 향해 출발했다.

두월1교차로를 떠나 동쪽으로 935번 도로를 따라가면 800미터 거리에 있는 두월교를 건너가게 된다. 그 길에서는 새봄을 맞이한 새들의 싱그러운 인사말이 들려오고, 농가의 분주한 손길이 들판을 어루만지고 있었다. 밭을 손질하던 한 장년부부가 일행을 보고

도산으로 가는 길
두월리1교차로에서 출발하여
도산으로 향하는 일행의 발걸음이 가볍다.
ⓒ도산서원선비문화수련원

는 잠시 일손을 멈추고 손을 흔들어 주었다. 우리도 손을 흔들며 화답했다. 갓 쓰고 도포 입은 일행의 모습이 신기한 듯 환한 미소를 보인다.

운치 있는 지름길로 가기 위해 두월삼거리에서 935번 지방도를 벗어나 정겨운 농로로 언덕을 하나 넘는다. 지리학자인 이기봉 선생의 고증으로 얻어낸 그야말로 퇴계 귀향길의 옛 길인가 싶다. 흙길이 아닌 시멘트 포장길이라 약간 아쉽기는 하다. 정갈하게 갈아놓은 밭과 촉촉이 물기를 머금은 논에서, 연록의 나뭇잎과 풀잎에서, 곳곳에 흐드러진 꽃에서, 눈이 닿는 곳 어디에서나 봄을 느낄 수 있다.

두월삼거리에서 산길을 넘어가는 길은 갈림길이 곳곳에 있고 이정표가 없어 지도 없이는 헤매기 십상일 듯하다. 거의 T자로 갈라지는 구천리 갈림길을 만나기 전까지는 직진을 한다는 생각으로 가야 할 것 같다. 이 산길의 중간지점에 해당하는 T자 갈림길에 '창팔옛돌다리'라고 새겨진 커다란 입석이 있다. 이곳이 구천리 창팔경로당 마을쉼터이다. 여기서 잠시 한숨을 돌리고 다시 산길을 넘어와 이윽고 봉화 귀내 야옹정에 도착했다.

한글로만 본다면 '웬 고양이 정자'냐며 장난스런 미소를 지을 수도 있을 야옹정野翁亭은 '재야의 늙은이', 현대어로는 '야인野人'이라는 의미의 호號를 가진 전응방全應房(1491~1554)의 정자이다. 야옹은 퇴계보다 10세 연상으로 1525년 사마시司馬試에서 진사 급제를 했지만, 조부 휴계休溪 전희철全希哲(1425~1521)의 유훈을 받들어 관직에 나아가지 않고 이곳 귀내에 은거한 인물이다.

휴계는 단종 재위 시 왕위찬탈을 목도하며 자손들에게는 그와 같은 일을 겪지 않도록 하기 위해서 벼슬하지 말 것을 유언으로 남겼다고 한다.

퇴계는 43세 때 〈제야옹당題野翁堂〉이라는 시를 짓고 현판을 썼다. 현재 야옹정에 퇴계의 친필이 그대로 남아 있다. 조부의 유계를 받들어 벼슬에 나아가지 않을 만큼 충직했던 야옹은 단종을 기리며 매년 영월 노산군묘魯陵를 찾아가 도포자락에 흙을 담아 무덤 위에 올리고 읍배泣拜했다고 전한다. '재야에 은거한 노인' 야옹의 인품을 알 수 있는 대목이다.

야옹정
'야옹野翁'이라는 호를 가진 전응방의 정자이다.
퇴계의 친필 현판이 걸려 있다.
ⓒ도산서원선비문화수련원

야옹정을 지나 길을 하나 건너 토일리로 향하는 오르막길 왼편에 '석문동천石門洞天'이라는 글씨가 새겨진 바위가 보인다. 석문동은 야옹이 석문정사를 세우고 은거하여 강학하던 곳이며, 이 글씨는 그가 직접 새겼다고 한다.

석문동천을 뒤로하고 다시 시골길을 따라 낮은 언덕을 넘어가니 봉화 상운면 토일리가 나타난다. 조용한 농촌마을 앞으로 토일천이라는 개울이 가로지른다. 신촌교라는 다리를 건너 다시 작은 농로로 들어가 언덕을 오르는 지점에서 안동 땅이 시작된다. 이 경계가 과연 퇴계 당시의 구획과 일치하는지는 알 수 없지만, 이즈음

용호정
용두산으로 향하는 길에 넓은 저수지가 있고, 그 옆에 정자가 있다.
ⓒ도산서원선비문화수련원

드디어 도산이다

에서 퇴계 역시 고향 예안 땅에 들어선 감격을 느꼈을 것이다. 그다지 가파르지 않은 산길을 넘어 내려온 지점이 녹전면 매정리 마을회관이 있는 곳이다.

마을회관에서 목을 축인 후 다시 눈앞에 나타난 오르막길을 오르기 시작한다. '매정용두길'이라는 이정표가 가리키는 길을 따라 들어가니 드디어 용두산으로 향하는 길이다. 도중에 넓은 저수지가 나타나 시야를 틔워 주었다. 한쪽 면을 인공적으로 막은 듯한 흔적으로 보아 퇴계 생시에 있었던 자연못은 아니다. 혹 그 당시 이보다 훨씬 작은 연못이 있었는지도 모른다. '용호정龍湖亭'이라

용두산
용두산 정상으로 향하는 길이다.
ⓒ도산서원선비문화수련원

는 현판이 붙은 정자가 있는 것으로 보아 이 못의 이름이 용호인 듯하다.

　퇴계의 문집을 찾아보니 '용호'라는 말은 나오지 않는다. 당시에는 없었던 것이 확실하다. 이렇게 크고 경관이 좋은 못에서 퇴계가 서울을 오가는 길에 시 한 수 읊지 않았을 리가 없다. 어쨌든 봄빛을 가득 품은 물을 만나니 기분이 상쾌해진다. 이곳에서 귀향길 마지막 점심식사를 가졌다. 근처에는 식당이 없으니 어쩔 수 없이 은빛 호일로 단장한 김밥이다. 경관에 젖은 나머지 누군가 가방에서 술을 꺼냈지만 저녁을 기약하며 낮에는 경관에만 취하기로 했다.

어린 시절 공부하던 용수사

용호정에서 용두산을 향하는 길은 조금 복잡하다. 마을이 형성되어 있어 각각의 집으로 통하는 골목이 여러 갈래로 나 있고, 용두산을 가리키는 이정표도 없다. 여기서는 마을 주민들에게 길을 묻는 것이 확실할 듯하다. 한참을 걸어 매정마을을 뒤로하고 마지막 언덕인 용두산을 오르기 시작했다. 용두산 역시 봄으로 가득했다. 개나리·진달래·벚꽃, 그리고 이름을 기억하지 못하는 수많은 꽃들이 만발한 용두산의 풍경은 우리의 피로를 씻어 주기에 충분했다. 우리를 반갑게 맞이해 주는 이 꽃들은 450년 전에도 퇴계를 기쁘게 맞이해 주었을 것이다.

　용두산을 오르는 길은 퇴계가 타고 넘던 말발자국이 그대로 남아 있을 것만 같은 옛길이었다. 차와 경운기의 통행을 위해 폭이 넓어지기는 했지만 드문드문 나타나는 비포장 흙길이 정겹다. 오늘 걸은 길 중에 가장 산길다운 산길이었다. 이름 모를 꽃향기와 풀내음, 새소리를 카메라에 담지 못한 것이 아쉽다.

용두산 정상에서 잠시 쉬어가기로 했다. 세 갈래 길로 나 있는 비교적 평탄한 정상에 세워진 '국학진흥원 5.2km'라는 팻말을 마주하니 정말로 도산이 가까워짐을 실감할 수 있었다. 이제 1킬로미터 남짓 내리막길을 내려가면 용수사다.

용수사는 퇴계와 관계가 깊은 사찰이다. 양산 통도사의 말사로 1181년 세워진 용수사는 1895년 을미의병이 일본군과 전투를 치

용수사
퇴계는 젊은 시절 한때 이 절에서 공부했으며, 한양을 오갈 때도 머물렀다.
ⓒ도산서원선비문화수련원

르던 중 소실되었고, 현재는 1994년 중수된 건물이 남아 있다. 비록 불교 사찰이기는 하지만 퇴계의 생가에서 가까워 퇴계 집안의 가숙家塾 역할을 했다. 어린 시절 퇴계는 자주 용수사에 가서 공부했고 자손들도 그렇게 했다. 성년이 된 후로도 때로는 강학을 위해 때로는 풍류를 즐기기 위해 용수사를 찾았다. 무엇보다 용수사는 한양을 왕복하는 길에도 베이스캠프 역할을 했던 것 같다.

1567년(명종 22) 임금의 부름을 받고 마지못해 상경하던 6월 13일에 퇴계는 용수사에서 묵었다. 이날 용수사에서 남긴 시가 있다. 〈명 황제의 등극을 알리는 사신이 곧 이르게 되므로 거듭 임금의 명을 받았다. 6월에 서울로 가는데, 용수사에서 묵고 새벽에 나섰다가 비를 만나다〉라는 시이다.

소나무와 벚나무
오래된 소나무가 밑에서 자라는 벚나무를 감싸 안고 있다.
용수사에서 내려오는 길에 만났다.
©도산서원선비문화수련원

드디어 도산이다

용수사 산방에서 하룻밤 자노라니

옛 놀던 종적이 아직도 눈에 선해

부질없는 새벽비에 오솔길 어두워라.

산인山人의 속된 인연 기롱함이 틀림없네.

용수사에서의 어린 시절 추억과 원하지 않는 상경길을 나서게 된 심경이 얽힌다. 마치 "더디고 더디도다! 내 발걸음이여!遲遲吾行"라고 한 공자의 탄식처럼.

이때의 상경길은 퇴계에게도 명종에게도 안타까운 일로 남았다. 퇴계는 6월 14일 용수사를 떠나 25일 한양에 당도했는데, 3일 후 퇴계를 만나기를 꿈에서도 갈망했던 명종은 세상을 떠나고 말았다. 퇴계가 도성에 들어왔을 때 이미 위중한 상태였고, 아직 숙배하지 못한 6월 28일 승하하고 만 것이다.

퇴계는 한양에서 오사모와 흑각띠를 갖추고 곡을 했다. 결국 행장 수찬청의 당상관이 되어 행장을 짓고, 예조 판서로서 국장國葬을 총괄하는 임무를 맡았으나 병으로 사직하고 그해 8월에 다시 귀향했다.

명종 임금의 발인을 하루 앞둔 9월 18일, 퇴계는 다시 용수사를 찾았다. 대행왕의 발인날에 집에 있는 것이 편치 못하다는 이유에서였다. 그렇게 용수사는 퇴계가 힘든 시절 편안하게 기댈 곳이 되어 주었다. 용수사와 관련된 시 한 수를 더 소개한다. 〈용수사를 제목 삼아 짓다〉라는 시이다.

늦은 저녁 술에 취해 곤드레만드레
스르르 스님 방에 스러진 몸 누구런가.
술 깨어 보니 몸과 마음 이렇게도 맑은데
동산에 반가운 달 때마침 떠오르네.

"산은 심장으로 오르고 무릎으로 내려온다"라는 말이 있지만, 다행히 용수사로 내려가는 길은 비교적 평탄하여 지친 일행에게 큰 무리는 없었다. 내려가는 길에 만난 흥미로운 나무 두 그루가 잊히지 않는다. 소나무 한 그루와 벚나무 한 그루가 함께 얽혀 자라고 있었다. 오래된 소나무가 밑에서 자라는 벚나무를 감싸 안는 모양이었다. 처음 보는 신기한 광경이었다.

산을 내려오자 한복을 곱게 차려 입은 지역의 유림들과 용수사 스님들이 일주문 앞에서 일행을 맞이해 주었다. 일일이 악수를 하며 마주잡은 손에 따스함이 느껴진다. 간단한 상견례를 마치고 용수사에서 정성스레 마련해 준 다과를 먹었다. 전 구간을 걸었던 어떤 분이 "살이 빠지기를 기대했으나 전혀 빠지지 않았다"라고 했는데, 과연 그럴 것이다. 귀향길의 식사는 간소하고 기름진 것과 거리가 멀지만 피로회복을 위해 준비한 고당분의 간식은 나눔의 손길이 풍성했으므로.

야윈 나귀 고개 넘기 어렵구나

드디어 도산면이다. 도산온천과 웅부중학교가 보인다. 웅부중학교 앞에는 도산서원선비문화수련원의 지도위원들이 마중을 나왔다. 일일이 악수를 나누고 함께 행렬을 지어 도산면사무소를 향해 행진한다. 용수사에서 면사무소를 향해 가는 길에는 퇴계의 생가인 노송정老松亭과 넷째 형님 온계 이해李瀣(1496~1550)의 집인 삼백당三栢堂이 먼발치에서 보인다.

노송정은 퇴계가 나고 자란 곳이다. 500년이 지난 지금도 여전히 퇴계의 향취가 묻어 있는 곳, 모친이 퇴계를 잉태하며 꿈에서

노송정
퇴계의 생가 사랑채이다. 안채에 어머니가 퇴계를 잉태하며 꿈에서 공자를 만났다는
성림문과 퇴계의 태실이 보존되어 있다.
ⓒ도산서원선비문화수련원

공자를 만났다는 성림문聖臨門과 퇴계의 태실이 보존되어 있는 곳이다. 퇴계는 생애 중 가장 오랜 시간을 이곳에서 보냈다. 퇴계는 이곳에 들러 사당에 마지막 귀향을 고하고, 부모님과 형제들을 그리워하며 눈시울을 적셨을 것이다.

우리가 걷던 길 오른편에는 퇴계가 30대 초반을 보낸 지산와사芝山蝸舍가 있던 영지산靈芝山이 있다. 지산와사는 말 그대로 달팽이 집 같은 조그마한 집이었을 것이다. 하기야 높은 벼슬을 역임하고 나서 세운 계상서당이나 도산서당 역시 자그마한 집이었으니, 과거에 급제하기 전에 지은 집이야 오죽했을까. 퇴계는 이 집에 살면서 은거와 출사 사이에서 적잖은 고민을 했다. 개울 건너로 보이는

퇴계 시판
삽골재 정상 어귀에 이정표와 함께 퇴계의 시를 새긴 시판이 있다.
ⓒ도산서원선비문화수련원

드디어 도산이다

노송정의 어머니를 생각하니 과거시험에 힘쓰지 않을 수 없고, 학문적 성취를 위하자니 위기지학에 몰두할 수밖에 없는 상황에서 끊임없이 방황했을 것이다. 그 시절 퇴계의 체취가 서린 지산와사가 남아 있지 않아 무척 아쉽다.

지산와사 터 앞을 지나 도산면사무소에 도착했다. 오늘의 마지막 쉼터이다. '한국정신문화의 수도 안동'이라는 큰 간판이 걸린 면사무소(지금은 면사무소를 '행정복지센터'라고 부른다는 사실을 여기에서 처음 알았다)에서 휴식과 포토타임을 가진 뒤 삽골재로 들어섰다. 퇴계 귀향길을 위하여 도산면에서 특별히 삽골재길을 다듬고 이정표를 세웠다. 감사한 일이다.

삽골재에는 약간 가파른 길이 있다. 퇴계가 말을 타고 넘기에는 조금 어려웠을 듯한 좁고 가파른 길이다. 길은 다니며 만들어지는 것이니 다니지 않으면 좁아지거나 사라진다. 지금은 다른 도로가 나서 이용하지 않는 길이 되었지만, 당시는 오히려 지금보다 더 넓고 평탄했을지도 모른다.

그 길을 따라 올라가니 정상에도 이정표와 함께 퇴계의 시판이 세워져 있다. 66세 때 지은 〈새벽에 온계를 출발하여 소리재를 넘이 도산에 이르다〉라는 시이다. 내용상 가을로 추정되지만 정확히 언제인지는 알 수 없다. 여기서도 '야윈 나귀가 고개 넘기 어렵다'는 말이 보인다. 나귀에 당신을 투영하여 학문 완성의 어려움을 토로하는 은유로 볼 수도 있지만, 실제로 이 삽골재는 그다지 높지는 않지만 꽤나 가파른 언덕이었다.

꼬박 11일을 걸어 지친 일행은 마지막 힘을 모아 삽골재를 넘어 도산서원 주차장에 무사히 도착했다. 내일의 성대한 대단원을 기약하며 마지막 모임을 가졌다. 내일은 지난 11일간의 여정을 퇴계에게 고할 것이다.

❖이치억

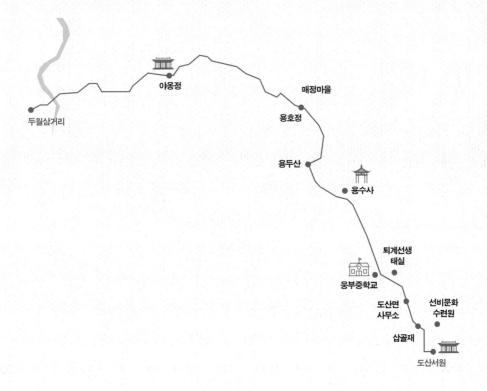

영주 두월삼거리에서 도산서원에 이르기까지 4개의 산과 고개를 넘는다. 오르막과
내리막이 반복되지만 크게 어려운 길은 아니다. 일부 시멘트 포장도로가 있으나 대
부분 농로와 산길이다. 산골 마을을 지나면서 별도의 이정표가 없으니 주의해야 한
다. 용수사를 지나서 도산온천과 도산면사무소 앞을 지나 삽골재에 들어서기 전까
지는 지방도와 국도이다. 삽골재를 넘는 구간은 흙을 밟고 가는 고갯길이다.

도산에서 마주한
장엄한 낙조

삽골재에서 도산서원까지

"사람이 길을 넓힐 수 있는 것이지, 길이 사람을 넓혀 주는 것은 아니다"라고
한 공자의 말처럼, 퇴계의 길은 오늘을 살아가는 우리가 넓혀야 하는 임중도원
의 숙제로 주어진 것이다. 그 과정에서 아직 남아 있는 그 귀향길을 우리의 두
발로 직접 걸어 보는 것은 위대한 발자취를 따르기 위한 큰 공력이 될 것이라
확신한다.

┏배움에는 끝이 없다

450년 전 퇴계는 음력 3월 16일 영주를 출발하여 도산서당으로 돌아왔다. 전날 우리가 걸어왔던 그 구간을 말을 타고 온 것이다. 우리는 2019년 4월 21일 오전 8시 삽골재 아래에서 모였다. 도산서원선비문화수련원에서 마지막 밤을 보낸 우리는 의관을 정제하고 퇴계 명상길을 엄숙히 걸어서 넘었다. 삽골재 아래 주차장에는 귀향길을 진행한 이래 가장 많은 인사들이 운집하여 이날이 정말로 퇴계 귀향길 재현의 마지막 날임을 실감케 했다.

> 우부愚夫도 알며 하거니 그 아니 쉬운가.
>
> 성인聖人도 못다 하시니 그 아니 어려운가.
>
> 쉽거나 어렵거나 중에 늙는 줄을 몰라라.

도산서원을 눈앞에 둔 고지에서 제창한 〈도산십이곡〉의 마지막 수는 간결하고 압축적이면서 오묘한 내용을 담고 있다. 어리석은 일반인도 알고 행할 수 있는 것, 그러나 성인도 다 할 수 없는 것, 그것은 무엇을 가리킬까? 이 시를 이해하기 위해서는 모티프가 된 《중용》 제12장을 들여다보아야 한다.

　　군자의 도는 널리 드러나면서 은미하다. 필부필부匹夫匹婦의 어리석음으로도 알 수 있는 것이면서도, 그 지극한 것은 성인도 알 수 없는 것이 있다. 필부필부의 불초함으로도 행할 수 있지만, 성인도 행하지 못하는 것이 있다. 천지의 큰 것에 대해서도 사람들이 오히려 유

도산서원 가는 길
도산서원을 향해 가는 길을 걷다 보면
마음이 저절로 고요해진다.
ⓒ도산서원선비문화수련원

감으로 여기는 것이 있다. 그러므로 군자가 큰 것을 말하면 세상에 그 위에 실을 것이 없을 정도이고, 작은 것을 말하면 그 이상 쪼갤 수 없을 정도이다. 《시경》에서는 "솔개가 하늘로 날아오르고 연못에서 물고기가 뛰어오른다"라고 했는데. 이는 세상의 위와 아래를 다 살펴보고 말한 것이다. 군자의 도는 필부필부에서 시작되는 것이지만, 그 지극함에 이르러서는 천지까지도 살펴야 한다.

사람의 형상을 하고 태어나 삶을 사는 것은 어떻게 보면 가장 쉬우면서도 가장 어려운 일이 아닐까 싶다. 성인聖人이든 범인凡人이든, 지혜롭든 그렇지 못하든, 타고난 체력이 강하든 약하든, 사람은 누구나 각자의 일상생활을 영위하며 살아간다. 공부를 하고, 일을 하고, 가족을 이루고, 많은 사람들과 인간관계를 맺으며 살아간다. 사실 이러한 삶의 여정은, 물론 도중에 이런저런 고난을 겪기야 하겠지만 결코 원만히 해내지 못할 일은 아니다. 누구라도 사람의 이름에 맞는 한평생을 충실히 보낼 수 있다. 이렇게 말할 수 있는 근거는 도처에 존재한다. 바로 지금 각자의 자리에서 살아가고 있는 수많은 사람들이 모두 그것을 증명하고 있는 것이다.

그리고 그것은 현재 이 자리에 있는 삶에만 국한되는 것은 아니다. 우리는 수천 수만 세대, 아니 그 이상 이어져 온 선조들의 촘촘한 그물망 덕에 여기에 존재할 수 있다. 즉 지금의 '나'의 존재는 그 자체로 지금의 '나'를 만들어 준 수많은 선행의 '나'들의 삶을 증명한다. 물론 그 구체적 삶이 어떠한 모습이었는지 그 전체를 알 방법은 없다. 그러나 한 가지 명확하게 말할 수 있는 것은 모두가 어떻게든 '사람'이라는 형상으로 '사람'으로서의 삶을 살았다는 사실이다. 누구나 사람으로서의 '삶'을 산다는 것, 이보다 명확한 사실이 있을 수 있을까?

그러나 한편으로 보면, 삶은 그렇게 쉬운 것만은 아니다. 삶의 궁극적 의미를 온전하게 깨우치는 것은 매우 드물고 어려운 일이다. 우리는 그 경지에 가장 근접한 사람을 '성현聖賢', '성인聖人', '현인賢人' 등으로 지칭한다. '성인'은 가장 완벽한 인간을 의미한다. 그러나 《중용》은 성인이라고 하더라도 '삶'의 궁극을 완벽하게 알 수는 없다고 말한다.

쉽게 비유하자면 이렇다. 가령 일반인인 우리도 이 '우주'에 대해서 어느 정도는 안다. 약 138억 년 전 빅뱅으로 이 우주가 탄생했고, 지금도 팽창하고 있으며, 우리 은하에는 1,500억 개 이상의 별이 존재한다는 등등의 사실을 상식적으로 알고 있다. 그러나 우주의 궁극에 대해서 일반인은 알기 어렵다. 사실 우주의 전모는 칼 세이건도 스티븐 호킹도 다 알지 못한다. 배움에 끝이 있을 수 없는 까닭이다.

성인에게도 '배움'은 여전히 진행형이라는 이 내용을 퇴계가 〈도산십이곡〉의 마지막 곡에서 노래한 것은 11곡의 '만고상청萬古常靑'과 마찬가지로 배움을 놓지 않겠다는 의지로 비춰진다. 우리는 퇴계의 글에서뿐만 아니라 삶 그 자체에서 고스란히 드러나는 그 의지를 알 수 있다. 삶의 마지막 순간까지 성인됨의 길을 가고자 했던 퇴계의 모습은 우리를 더욱 숙연하게 만든다.

도산에서 마주한 장엄한 낙조

⌈도산서원이 다시 학문의 전당이 되어야

도산서원은 '한국의 서원'의 하나로 유네스코 세계유산으로 등재되어 더욱 유명해졌지만, 그 이전부터도 우리에게 익숙한 이름이다. 그런데 퇴계 생전에는 도산서원이라는 명칭이 없었다. 도산서당과 농운정사, 하고직사, 그리고 그 앞의 역락서재가 있었는데 이곳을 통칭 '도산陶山'이라고 불렀다. 1914년 '예안현'이라는 지명이 폐지되고 '도산면'이라는 지명으로 불리고 있지만, 당시에는 도산서당을 품고 있던 그 산의 이름이었다.

도산서원
도산서원은 영남 유학의 중심으로서,
퇴계의 정신을 잇는 위기지학의 전당이었다.
ⓒ도산서원선비문화수련원

퇴계의 〈도산기〉와 〈도산잡영〉에 따르면, 도산은 '산이 두 겹으로 이루어졌기 때문'이라는 설과, '옛날에 질그릇을 굽던 곳이 있었기 때문'이라는 설이 있다. 어쨌든 도산은 그 풍광뿐 아니라 이름까지도 퇴계의 마음에 흡족했던 것 같다. 한때 도공陶工이었던 순임금, 퇴계가 사모하던 도연명陶淵明과도 글자 상으로 관계가 있기 때문이다.

퇴계가 풍기 군수를 사직한 후 50세에 계상溪上에 머물며 은둔의 뜻을 더욱 공고히 하고 강학에 힘쓰자 많은 제자들이 몰려들었다. 바야흐로 학자로서의 명망이 날이 갈수록 높아졌다. 계상에 몰려드는 제자들을 수용하기 힘들게 되자 강학의 꿈을 펼치기 위해 새롭게 발견한 곳이 바로 이 도산서당 터였다. 인근 여러 곳을 물색한 끝에 57세 때 터를 마련했지만, 예산이 부족해 완공까지는 4년이라는 긴 시간이 걸렸다. 퇴계는 60세 때 도산서당을 완공하고, '도산의 늙은이'라는 의미로 '도옹陶翁'이라는 호를 사용했다.

도산은 퇴계가 평생의 여러 거처 중에서 가장 사랑했던 곳이다. 완공하기 전에도 "산수가 맑고 기이하여 구하던 바에 꼭 맞는다. 몽매간에도 항상 여기에 와 있다"라고 할 정도로 도산에 대한 기대가 컸다. 나지막한 산과 앞을 가로지르는 낙천洛川, 그 물을 내려다볼 수 있는 천연대와 천광운영대, 뱃놀이가 가능한 탁영담이 있던 도산은 퇴계가 학문과 풍류를 즐기며 노년을 보내기에 안성맞춤인 곳이었다.

그러나 완공 후 사철을 도산에서 지내지는 못했다. 강바람이 심해 겨울에는 추워서 거처하지 못했고, 임금에게 진상하기 위한

은어 어량이 설치되는 여름철에도 도산에 거처할 수 없었다. 그리하여 마지막 귀향 이듬해인 1570년 겨울, 이곳 도산이 아닌 살림집이 있던 계상에서 생을 마감했던 것이다.

이후 계상은 후손의 영역으로, 도산은 후학의 영역으로 남았다. 퇴계 서거 4년 후인 1574년 제자들이 서원을 세우고 1575년 선조임금으로부터 '도산서원'이라는 사액을 받았다. 이후 영남유학의 중심으로서, 퇴계의 정신을 잇는 위기지학의 전당으로서 큰 역할을 감당해 왔지만, 여느 서원과 마찬가지로 일제강점기를 겪으며 학문의 맥이 끊어지고 말았다. 오늘날 퇴계의 정신을 잇는 일 중 하나는 바로 이 도산서원의 학문을 부활시키는 것이라 생각한다.

⌈도산의 매화가 반기네

450년 전 퇴계의 귀향길은 오늘의 모습과는 완전히 달랐을 테지만, 도산의 제자들과 친지들과의 감격스런 재회는 매우 극적이었을 것이다. 어디까지 나가서 퇴계를 맞이했는지, 도착해서 어떤 말씀을 나누었는지에 대해서는 기록이 없으니 알 수 없다. 이즈음 김부필金富弼, 권호문權好文, 이덕홍李德弘 등의 문인과 꽃구경을 하며 남긴 시가 있지만, 어느 날의 일인지는 알 수가 없다. 그리고 몇몇 문인들이 찾아와 강학을 청했으나 병으로 물러나 있던 터라 거절했다는 기록도 보인다. 69세의 고령에 14일간의 여독이 그리 쉽게 풀리지는 않았을 것이다.

이날 그 누구보다 특별한 재회를 기다리고 있던, 퇴계 또한 꿈에도 재회를 그리던 이가 있었으니, 바로 도산의 매화였다. 퇴계는 이 반가움을 〈늦봄에 도산에 이르러 산매와 시를 주고받다〉라는 시로 남겼다.

총애와 영예, 명성과 이익이 어찌 그대에게 온당하리오.

백발의 그대 속세로 달려간 지 한 해가 넘었군요.

다행히도 그날 물러남을 윤허 받아

마침 새봄 제가 꽃 피울 철 맞춰 오셨군요.

도산서당의 매화
꽃가지 사이로 퇴계가 직접 쓴 '도산서당' 이라는 현판이 보인다.
©도산서원선비문화수련원

도산에서 마주한 장엄한 낙조

매화가 활짝 터트린 꽃망울로 맞아 주자 퇴계는 그대 그리워 달려왔노라 화답한다.

국솥에 간 맞춤이 그대의 존재 이유 아니라오.
맑은 향 사랑스러워 절로 떠오르며 생각나서이지.
이제라도 나 달려와 약속 지킬 수 있었으니
좋은 시절 저버렸다 미워하지 말기를.

'국솥에 간'은 매실을 발효하여 조미료로 사용하기 때문에 이런 표현을 한 것이다. 매형梅兄과의 극적인 이 만남은 선조 임금의 윤허로 이루어질 수 있었다. 낙향이 며칠이라도 늦게 이루어졌다면 꽃이 만개한 이 만남은 성사되지 못했을 수도 있으니, 그랬더라면 퇴계의 아쉬움이 어떠했을지 상상하고도 남음이 있다.

애초 서둘러 도성을 떠날 때 퇴계가 유일하게 아쉬워한 일은 곁에 두고 아끼던 매화분을 두고 가는 것이었다. 그 매화분은 훗날 손자 안도가 가지고 왔지만, 다행히 산매山梅(도산의 매화)와의 재회로 그 아쉬움을 달랠 수 있었다. 퇴계는 만개한 산매를 보는 것이 마지막이 될 수도 있다는 생각을 했을지 모른다. 그러나 이듬해 봄 한 번 더 매화와의 만남을 가졌고, 지금도 그 매화의 자자손손이 도산서원을 지키고 있다.

진정한 군자는 만물을 자기 몸처럼 사랑한다. 천지가 만물을 살리는 마음을 자기의 마음으로 삼은 군자가 모든 생명을 존중하는 것은 당연하다. 그러기에 퇴계에게는 존재하는 모든 것이 소중

했으리라. 그럼에도 각별히 매화를 사랑한 이유는 무엇일까? 어쩌면 퇴계는 매화의 고결한 지조 때문에 그들을 자신의 분신이라고 생각했을지도 모른다. 자신이 이 세상에 작별을 고해도 영혼은 매화를 통해 영생하고자 했던 것인지도 모른다. 그러기에 퇴계는 항상 눈앞의 시비에 얽매이지 않고 천 년 후를 내다보며 치열하게 사색했던 것이 아닐까?

┏죽음, 그 장엄한 낙조 그리고 새로운 출발

우리는 이번 행사를 잘 마무리했다는 고유를 위해 상덕사로 향했다. 1574년 준공된 상덕사는 퇴계를 주향主享으로, 월천月川 조목趙穆을 종향으로 모시는 사당이다.

"천추의 스승이시니 후학들이 흠모하여 따릅니다. 참된 가르침 흡족히 내려주소서" 하는 고유문을 들은 퇴계가 천상에서 어떤 생각을 했을지 상상해 본다. 생전의 성정性情으로 보았을 때, 지나치게 추앙하는 것에 대해 손사래를 치지 않았을까? 아니면 당신의 정신과 학문을 이어 가고자 하는 후학들을 자랑스럽고 흐뭇하게 여겼을까? 불초하기 짝이 없는 후손이자 후학으로서는 그 심사를 전혀 헤아릴 수가 없다.

고유를 마치고 광장으로 나왔다. 퇴계의 혼령이 도운 덕인지 날씨가 매우 따뜻하고 화창했다.

이어서 김기현 교수의 특강을 들었다. 김 교수는 퇴계의 학문

도산에서 마주한 장엄한 낙조

에 매료되어 평생 연구해 온 이 분야 최고 권위자 중 한 사람이다. 그는 학문뿐만 아니라 생활의 측면에서도 퇴계의 뒤를 따르려고 노력하며, 항상 자신을 낮추는 삶을 살고 있다.

〈퇴계 선생 은거생활의 지평〉이라는 제목의 강의는 세 부분으로 구성되었다. '관료생활에 대한 회의와 은거 결정', '초월적인 사고와 참다운 나와의 대면', '퇴계의 귀향이 오늘날에 가지는 의미'이다. 그 내용을 간략히 정리해 본다.

퇴계의 은거는 단순한 야인생활이 아니라 초월을 추구한 것이었다. 퇴계의 초월의지는 '신선'을 추구한 시적 상상력과 '이름'을 멀리하고자 했던 평소 언행에 잘 드러난다. 퇴계의 귀향과 은둔은 덧없고 비본래적인 이름들을 떨쳐 버리고 진정한 참자아로 남고자 한 방책이었다.

그렇다면 참자아란 무엇인가? 퇴계는 사랑과 진리, 의로움과 예의 정신에 충만한 본래의 나를 참자아로 여겼다. 압축하자면, 모든 생명을 품고 보살피는 따뜻한 사랑의 마음을 가지고, 만사만물에 내재된 생명의 이치와 인간으로서의 삶의 결에 순응하며, 그 진리를 행위 역할에 맞도록 삶에 알맞게 조치하고, 삶의 수많은 만남 속에서 공경을 다하는 존재이다.

이러한 참자아는 저절로 성취되는 것이 아니며, 부단한 수양을 통해 한 발씩 가까이 갈 수 있는 것이다. 퇴계가 시종일관 수양의 자세를 놓지 않았던 까닭이다. 수양은 나의 존재와 삶을 닦고 길러 나가는 것을 의미한다. 수양은 오늘날에는 거의 죽은 말이 되었지만, 오히려 그 정신은 현대를 살아가는 우리들에게 더 절실하다.

바로 김언종 교수의 강의가 이어졌다. 한문학의 권위자이지만 그의 지식은 경계를 넘어서 한자학과 동서양의 역사, 철학까지도 넘나드는 방대한 영역을 자랑한다. 무엇보다 그의 매력 포인트는 좌중을 휘어잡는 언변과 재치, 유머 감각이다. 김기현 교수의 강연이 퇴계 은거의 내면적·철학적 의미를 밝힌 강연이라면, 김언종 교수의 강의는 퇴계 만년에 있었던 역사적 사실을 바탕으로 그의 삶의 위대한 의미를 밝혀 주었다.

강연이 워낙 방대한 내용을 담고 있어 모두 소개하지는 못하지만, 김언종 교수가 퇴계의 서거를 '죽음'이 아니라 장엄한 '낙조'로 해석한 부분이 매우 인상 깊어 여기에 인용하고자 한다.

7일 제자 간재 이덕홍을 불러 서적 처리를 부탁했습니다. 이때 설월당雪月堂 김부륜金富倫, 겸암謙庵 류운룡柳雲龍, 간재艮齋 이덕홍李德弘, 지헌芝軒 정사성鄭士誠 등이 주역 괘를 뽑아 보았습니다. 겸괘謙卦가 나왔습니다. 겸괘의 괘사卦辭인 '군자유종君子有終'을 보고 모두들 실색失色했다고 합니다.

괘사 '군자유종'의 '종'의 의미는 죽음이 아닙니다. 이는 행위의 좋은 결과이자 위대한 완성을 뜻하는 말입니다. 퇴계 선생의 서거는 장엄한 낙조落照입니다. 낙조는 끝이 아니라 내일의 찬란한 아침을 담보하는, 한 단락의 완성이자 새로운 시작인 것입니다. 왜 제자들의 얼굴빛이 달라졌을까요? 선생이 돌아가시고 나면 사도斯道를 유지하고 발양하는 것은 당연히 제자들에게 주어진 무거운 임무임을 의식하였기 때문입니다. 너무나 큰 선생의 업적을 과연 우리들이 잘 계승하여 발양할 수 있을까 하는 걱정에 모두들 얼굴빛이 흐려진 것이 아니겠습니까?

죽음은 삶의 끝이나 생명의 단절을 의미하는 것이 아니다. 죽음은 삶을 마무리하는 것인 동시에 또 다른 시작점이다. 진실한 삶을 살지 못한 사람에게 죽음은 모든 것이 허무로 돌아가는 일회성 사건이며 모든 관계와의 단절을 의미하겠지만, 위대한 삶을 살았던 인물에게는 한 개체로서의 인생의 마무리이며, 전체로서의 생명에는 새로운 시작이 된다. 그러므로 우리는 죽음을 대하는 태도와 죽음을 맞이하는 모습에서 역설적으로 그 삶의 충실성을 엿볼 수 있다.

퇴계에게 삶의 마무리는 제자들에게는 새로운 시작과 책임을 부여하는 커다란 사건이었다. 퇴계라는 이름으로 살아온 한 개인의 인생으로서의 '낙조'이지만, 그것은 후일 제자들과 후학들을 통해 다시 떠오를 것이었다. 그 성공 여부는 제자들과 후학들에게 던져진 것이다. 그 책임은 450년 후의 우리도 피해 갈 수 없을 것이다. 위대한 발자취를 우리가 경敬으로 따를 수밖에 없는 이유이다. 지금 이곳은 위대한 미래를 위한 새로운 출발점이다.

퇴계의 위대한 발자취를 따른다는 것은 그가 다닌 길[路]을 따라 걷고 그의 생활 모습을 재현하는 것 자체를 의미하는 것은 아니다. 그 진정한 의미는 퇴계의 정신과 그가 추구한 길[道]을, 시간의 현격을 극복하고 다시 오늘날에 되살리는 데 있다고 생각한다.

"사람이 길을 넓힐 수 있는 것이지, 길이 사람을 넓혀 주는 것은 아니다人能弘道, 非道弘人"라고 한 공자의 말처럼, 퇴계의 길[道]은 오늘을 살아가는 우리가 넓혀야 하는 임중도원任重道遠의 숙제로 주어진 것이다. 그 과정에서 아직 남아 있는 그 귀향길[路]을 우리의 두 발로 직접 걸어 보는 것은 위대한 발자취[道]를 따르기 위한 큰 공력이 될 것이라 확신한다.

❖ 이치억